中国直销创新与繁荣的 22 把秘钥

The 22 keys of China direct selling innovation and prosperity

—— 《远江一周谈》思想集萃

胡远江 著

中国商务出版社
CHINA COMMERCE AND TRADE PRESS

图书在版编目（CIP）数据

中国直销创新与繁荣的 22 把秘钥 ：《远江一周谈》
思想集萃 / 胡远江著 . -- 北京 ：中国商务出版社，
2017.12

  ISBN 978-7-5103-2197-9

Ⅰ．①中… Ⅱ．①胡… Ⅲ．①直销－研究－中国
Ⅳ．① F724.2

中国版本图书馆 CIP 数据核字（2017）第 313888 号

中国直销创新与繁荣的 22 把秘钥
——《远江一周谈》思想集萃
ZHONGGUO ZHIXIAO CHUANGXIN YU FANRONG DE 22 BA MIYAO
——《YUANJIANG YIZHOUTAN》SIXIANG JICUI

胡远江　著

出　　版：中国商务出版社
地　　址：北京市东城区安外东后巷 28 号　　邮　编： 100710
责任部门：经管与人文社科事业部（010-64208388　cctpress@163.com ）
责任编辑：刘文捷
直销客服：010-64255862
传　　真：010-64255862
总 发 行：中国商务出版社发行部（010-64266193　64515150 ）
网购零售：中国商务出版社淘宝店（010-64286917）
网　　址：http://www.cctpress.com
网　　店：http://shop162373850.taobao.com
邮　　箱：cctp@cctpress.com
排　　版：北京海畴文化传媒有限公司
印　　刷：北京市燕鑫印刷有限公司
开　　本：170 毫米 × 240 毫米　1/16
印　　张：13.75　　　　　　　　字　数：100 千字
版　　次：2017 年 12 月第 1 版　　印　次：2017 年 12 月第 1 次印刷
书　　号：ISBN 978-7-5103-2197-9
定　　价：48.00 元

凡所购本版图书有印装质量问题，请与本社总编室联系。电话：010-64212247

自序

穷尽一生为行业

由海畴文化传媒策划播出，由我主讲的视频节目《远江一周谈》开播已经近一年了，在前面十几期《中国直销大败局》中，我总结分析了一些企业进入中国直销行业失败受挫的方方面面，绝大部分人点赞称好，也有极个别人觉得我不应该拿这些案例来分析说事。其实，在我看来，不管说与不说，案例就在那里，捂着盖着，不如勇敢面对，认真总结分析，不仅对行业发展有益，对当事企业和当事人同样有益。

2017年，特别是下半年以来，我密集调研了几十家直销企业。这次调研，我是带着问题的，一是为了视频节目《远江一周谈》的录制，征集一些行业朋友比较关心的问题。在这其中，有行业未来发展方面的问题，有企业管理方面的问题，还有团队建设方面的问题。同时也有我自己一直在思考的一些问题，比如直销行业怎样与国家提出的创新、协调、绿色、开放、共享的发展理念相同步，怎样在《"健康中国2030"规划纲要》实施中获得发展，包括在党的十九大胜利召开，我国现阶段社会发展的主要矛盾发生转化后，怎样把握新时代、运用新思维、规划新蓝图，让中国直销行业在新时代焕发出更加蓬勃的生机，为中国经济的发展，为创造就业机会，为创业者搭建走向成功的平台，为全民健康和全面小康贡献力量。

基于以上思考，我授权海畴传媒将《远江一周谈》中的22个问题解答整理，集结成此书。这是我以自己25年来研究直销的经验，以及对行业发展和行业众多企业发展历程研究，结合当前的经济环境所进行的分析和建议，其中涉及行业问题10个，企业问题7个，经销商问题5个，并针对每一个问题提出了解决思路，相信这会对行业发展有益，对企业发展有益，对广大直销从业人员也是有益的。

有人说，进入直销行业，就会爱上这个行业。我作为直销行业发展的观察者和研究者，与行业、与企业、与广大的直销朋友们，都有着深深的情谊。我深情地爱着这个行业，更加深情地爱着这个行业的各位朋友们！我将会穷尽一生，用我的所学、所长，继续观察分析研究中国直销行业，为中国直销的健康和可持续发展服务，为广大的直销企业和广大的直销朋友们服务。

本书的出版，得到了原国家工商行政管理总局直销监管局副局长、巡视员（主持全面工作）、竞争执法局巡视员沈根申先生，原清华大学继续教育学院副院长孟至和先生，中国保健协会副理事长兼秘书长徐华锋先生，资深直销研究专家、台湾传智集团总裁李久慈先生的首肯和推荐，荣幸至极，在此谨向他们表示诚挚的感谢，谢谢他们的支持和鼓励。

由于思考问题的局限性和时间的关系，书中肯定还有一些不足之处，恳请广大读者朋友们批评指正，远江在此先予致谢。

朋友们，中国直销的创新是个永恒的话题，中国直销的繁荣是我们不变的追求，让我们一起共同努力吧！"天若有情天亦老，人间正道是沧桑"，我相信，只要大家从正道出发，保持内心宁静，保持行为理性，在推进行业、企业和个人事业发展的过程中，始终全面守护"消费者权益、国家经济秩序、社会公众利益"，砥砺前行，我们每一家企业、每一位直销从业者，就能在"国家富强、民族复兴"的伟大时代里建功立业，创造并展示无限精彩！

我真诚地祝福大家！

2017 年 12 月于北京

目录 CONTENTS

行业篇

中国直销创新与繁荣的 22 把秘钥

The 22 keys of China direct selling innovation and prosperity

直销未来十年走势分析

直销在中国已经发展了 27 年，从最初的野蛮无序生长到后来通过法制化管理逐步走向成熟与规范，经历了一段漫长的历史。在这个过程中，行业发展不断向好，但非法传销、非法集资等现象也伴随着直销行业的发展层出不穷，成为行业发展的一道阻力。

我在行业行走、观察的这些年也不断有人问我，未来直销行业的发展会是一种什么状态？会越来越好还是会发展停滞？前不久刚结束的十九大，报告中指出中国特色社会主义进入新时代，我国社会主要矛盾已经转化为人民日益增长的美好生活需要和不平衡不充分的发展之间的矛盾。由此可见，人们对美好生活的需求日益广泛。

那么，我想直销行业的发展也要跟上时代发展的步伐。我通过对以往中国直销发展历史及全球直销发展历史的观察与研究，对未来十年中国直销行业的发展状况、法律变革以及行业秩序等方面做出了以下几点判断。

经济发展走向高速路

从目前直销行业整体发展概况来看，未来十年，中国直销的整体经济发展将迈进万亿级水平，也就是说，届时整个中国直销行业的总体产值会超过 1 万亿以上人民币的水平，甚至会达到 1.5 万亿人民币的水平。

首先，从我国陆续提出的国家战略来看，尤其是健康中国战略、大众创业，万众创新战略、"一带一路"倡议，给整个直销行业带来了高速发展的政策氛围。与 2016 年相较，2017 年前三个季度直销行业业绩的增长速度基本保持在了 20% 以上，整体保持着中高度的经济增长速度。据不完全统计，2016 年整个直销行业的业绩规模为 2000 亿人民币，那么 2017 年的整体业绩规模势必会超过这个数字。

按照国家对健康产业发展的总体设计，2020 年达到 8 万亿人民币，2030 年达到 16 万亿人民币，也就是说在目前整个中国健康产业规模 2 万亿的基础之上，到 2020 年翻近 4 倍，到 2030 年将要翻近 8 倍。而整个健康产业总体业绩规模的增长，也意味中国直销行业业绩的增长，因为直销是健康产业推进的主力军之一，所以从整个健康产业的发展速度上可以推论出直销行业未来的发展方向。

其次，纵观近五年中国直销行业的发展，不难发现，它的增长速度同样是以 30%—50% 的速度在递增发展。如果按照这样的递增速度来预测未来十年中国直销行业的发展，其结果也应是突破万亿级的水平。

第三，从国际发展来看，无论新加坡、马来西亚还是其他一些国家，再经过十年的发展，直销业绩同样会增长几倍，这是直销的整体发展趋势。中国是世界第二大的经济体，尽管区域间发展不平衡，但健康产业的总体增长空间是非常巨大的。

法律制度越来越完善

2005 年，《直销管理条例》和《禁止传销条例》的出台，解决了整个直销行业的合法性问题，让整个行业的发展有了法律依据，这对中国直销行业来讲是一个重大突破。同时，两个《条例》的发布，对"直销"也有了明确的定义，包括直销企业分公司的设立、直销企业开展直销业务的方式等。依托这两个《条例》，直销行业的大门正式打开，成为一个开放性的运营体系。

如今，直销两个《条例》已经实施了 12 年，行业在这两个《条例》的约束下发展更加规范，取得了不错的成绩。但随着时间的发展以及行业的不断进步，两个《条例》中的相关条款与现今行业的实际运营状况产生了一些出入。所以在直销法律法规上的变革，我认为未来是需要做一些调整、修正和完善的。那些与直销实际运营结合度不紧密、对直销实际发展有约束和瓶颈的规定，我相信会得到有效解决。因为国家的改革开放就是不断地解放生产力，不断地通过法律修正与完善来打造经济的活力。

健康有序的发展

从目前发展现状看，直销行业的整体运行秩序还是有些混乱的，主要表现在以下几个方面：

其一，规范的直销行为被一些非法集资、变种传销、金融欺诈等违法行为蒙上阴影，让整个行业带"瘤"行走，也给行业造成了万花筒般的乱象。

其二，尽管国家有规范的直销审批制度，到目前为止也已批准了 89 家直销企业。但是，这些企业当中，有不同时期获得牌照的，有外资企业，也有本土企业，有规模实力雄厚的企业，也有规模不大的企业，这些企业的诉求不同，对直销的理解也各不一样，导致整个行业在运行过程中出现了很多问题。如部分直销企业打着创新的旗号违规运作，也有直销企业对直销员管理放松，而导致直销员在推进业务活动时夸大产品宣传、夸大个人收入等，最终也导致整个行业让人看起来眼花缭乱。

其三，现在我们处在一个新社会的发展时期，政府鼓励企业创新，鼓励新技术、新观念以及新的商业形态和跨界经营。在这些方面，直销企业也都积极响应参与，很多企业都在走跨界变革之路，这个过程中不可避免地会出现一些与现有政策法规、商业规范相冲突的地方，这也是导致直销行业在外界看来比较混乱的因素之一。

其四，目前行业中有一部分从业人员仍有些浮躁。很多人仍想通过直销这种方式快速获得超于常规的回报，这种急功近利的心理，让很多投机者在运作直销业务的手段、方式以及路径上出现了混乱的现象。

以上种种情况，让今天的直销行业没能够展现出它清晰、健康的发展韵律和节奏来，在很多行业外的人看来，行业依旧存在很多问题亟待有效解决。现在经过国家 12 年的发展治理，无论是行业的浮躁现象、违规操作，还是国家对传销以及非法集资等行为的打击力度，都得到了有效的控制。

未来，我相信我国直销行业会进入一个更加健康有序的发展状态，整个行业的发展也会更加理性，商德建设更加完善，企业也会按照市场规律有效地去提升自己的核心竞争力，而不是通过非正当的手段去提升企业业绩。

依法行政 依法监管

尽管，"规直打传"是目前直销监管的主要行动纲领。但猖獗的传销活动、个别直销企业为了牟利而开展的不规范运作，一些直销投机者夸大宣传、违规运作等不健康的行为，都对直销的健康规范发展产生了严重的冲击。此外，类似"善心汇"这样恶性事件的发生，也让监管部门对直销行业开展了全面的颇为严格的监管治理措施。

在这样的背景下，我相信未来在法律法规上国家是会做出一些调整、修正，对其加以完善的。这也意味着未来直销行业在监管方面会迎来一定的变化，我认为这种变化主要体现在以下两个方面。

第一，通过严格的监管，整个直销行业将步入相对健康有序的发展状态，同时相关监管部门的监管思路也会有所改变，这种改变主要体现在他们会通过系统的方法对直销行业进行统一管理，形成一种监管的新常态。十年之后，直销这种商业形式将会变得更为平常，成为主流商业模式的一种，人们对直销的认可度将更为提升，就像购买商品会选择去超市、网上购物一样。此时，监管部门只需依法对直销进行行政管理即可。

第二，不同地域文化之间的差异，也导致地方监管部门对直销的认知与理解有所不同，所以也容易出现监管上的不统一、不精准现象产生。但随着直销法律法规的不断完善，监管的统一性不断加强，以及监管人员经验的逐步丰富，我相信这一切都将让监管部门对直销与其他打着直销名义的经济犯罪行为有着更为精准的判断。届时，直销相关的法律法规将成为监管部门执法的主要依据，整个直销行业的管理、监督、打击也将更加法制化、统一化。

与此同时，直销行业组织、社会舆论也将发挥积极的作用，让直销回归新常态。那时，直销监管的高压态势也将被解除，直销从业人员将步入一个更为开放的直销环境。

全球最大最好的市场

十年之后，我认为中国将成为全球最大的直销市场，也是发展最快的市场，为什么这么说，我做了以下三点思考。

首先，从中国经济发展的速度与规模来看，十年之后的中国直销将迈入万亿级的发展水平。不可否认，这种规模是和我国整体产业结构息息相关的，因为我国对大健康产业的设计是要达到发达国家水平的。而作为国际直销来讲，它经过了近百年的发展，基本规模已经成型，而目前一些国家的经济增速在逐步放缓。在这种状况下，随着中国经济的中高速持续增长，未来健康产业的增长也势必会推动整个直销市场规模的增长，所以它培育出来的市场也应该是全球最大的市场。

第二，中国直销市场将是发展最快的市场。十九大报告指出，中国特色社会主义进入了新时代，我国社会主要矛盾已经转化为人民日益增长的美好生活需要和不平衡不充分的发展之间的矛盾。也就是现在人们对于美好事物的追求更强烈、更迫切，比如要健康、要幸福、要优质的物质保障、要舒适的生活环境。而健康中国战略的提出，就强调了美好生活里的健康元素。可以预见在接下来的十年里，普通老百姓对健康会更加重视，随之在健康方面的消费也会有较大增长，同时，与生活幸福指数相关的消费也会加大。而直销行业恰好是健康产业的助推者，占据了人们对健康消费投入的很大一部分。从全球经济增速来看，中国的 GDP 增速更是全球增速最快的国家，如果健康消费高于平均消费的话，那么它将是全球增速最快的直销市场。

第三，完善的直销法律法规、法制化的监管以及专业化直销人才，都将使未来的中国直销市场理性而成熟起来。我预估，未来十年中国直销产业规模将有望达到万亿水平，行业形象也将成为政府放心、消费者认可的主流化商业存在形式。与此同时，直销的营销模式也将对一些企业的营销创新起到促进作用，而它对社会的经济发展也会做出重要贡献。我相信，未来的中国直销行业一定能够凭借高速的发展，赢得应有的社会尊重。

回归本质

如前文所述，十年之后的直销将成为一种主流商业形态。那么，彼时的直销企业又该以何种姿态开展直销业务呢？我认为有以下两点。

第一，未来直销一定是回归产品的，也就是以产品为核心，以消费价值驱动整个行业的发展。因为直销的本质仍是一种营销模式，而销售的核心就是产品。这种营销方式之所以能长久的存在，就是因为它能够满足消费者对产品的多元化需求。反之，如果直销不能满足消费需求，那这种营销方式势必将会被淘汰。所以，直销无论如何变化，其产品始终是发展的基石，回归直销的本源就是回归以产品为核心的销售本质。

现在在直销行业里依然存在一种现象，就是直销企业过于强调直销的利益回报机制，这也让部分直销企业为了迎合这种"现象"，将利益放在首位，而将产品放到了次要，甚至是"道具"的位置。于是就出现了各种积分返利、分红、原始股频出的现象，打乱了行业正常的发展规律，让行业升腾出一股股浮躁之气，这实际上就是一种背离以产品为基石的营销方式，最终并不会得到永续的经营。

在这个过程中，那些以产品为发展导向的直销企业，多半做得优秀，不仅业绩做得好，企业文化、团队建设也都可圈可点，如安利、无限极、完美等。这些优秀的直销企业，他们一方面创造着超高业绩，一方面在产品上精益求精，在管理上不断打磨，在消费者及经销商服务上下足功夫。所以，我认为未来十年，直销的发展一定会回归直销的本源即产品上来，真正以消费者价值最大化来驱动中国直销行业的发展。

第二，未来中国直销的发展应该是跨界融合式的。从目前来看，我认为整个直销行业还是相对封闭的，与外界的资源融合还没有全面放开。直销的诞生至今已近百年，这期间无论是经济、技术还是人们的消费观念都发生了巨大的变化，特别是经过二十多年的发展，中国已经发生了翻天覆地的变化，人们的消费观念、对健康的认识程度以及各类技术的发展都发生了巨大变化。在这样的发展背景下，如果还固守过往的思路，那势必会对直销行业的繁荣发展产生很大的阻力。所以，我认为未来中国直销行业的发展，应该牢固树立并认真贯彻"创新、协调、绿色、开放、共享"的发展理念。

关于创新发展。创新是直销企业的一个重要要素，怎么创新？

在哪些地方创新？我认为，产品、模式、管理、文化、思维、机制都可以创新。所谓创新，就是人无我有，人有我更优，打造核心的差异化竞争力。因此，创新发展是直销企业的一个重要要素，但在创新过程中，有两点是值得企业注意的，一是要有法律意识，二是创新并不是简单的复制。

关于协调发展。直销行业是个营销行业，但它对社会方方面面的渗透是非常宽广的，有宽度更有深度。对外，法律、监管部门的有效沟通是否协调；对内，和经销商的合作是否协调，投资人和职业经理人的协作是否到位，母公司和子公司的战略价值观是否协调等等。所以，企业在发展的过程当中需要协调的地方和东西有很多。

关于绿色发展。绿色发展不是青山绿水，是指可持续发展。我认为，优秀商业模式有五方面，第一是尽可能价值最大化；第二是可持续发展；第三是相关的优质资源并齐；第四是关联利益者协调发展；第五是风险控制。然而，目前部分企业不重视可持续发展，不研究顶层设计，导致了企业的发展显得格外艰苦。所以企业要绿色发展、可持续发展，积极履行社会责任，并且积极参与行业形象的提升。

关于开放发展。当前有很多新型业态出现，直销行业可以研究微商的核心竞争力和微商的吸引人之处，也可以研究电商为何会蓬勃发展？它的核心竞争力在哪里？我希望企业不要一天到晚钻在制度里面，要保持开放、跨界、兼容的心态，研究其他新型业态的优势，加以整合。

关于共享发展。现在是共享经济的年代，企业和组织怎样在多个直接和间接的利益主体当中进行建设，都需要认真思量一番。

关于创新、协调、绿色、开放、共享，五位一体的发展思路，我在这里思考的几点希望能给大家一点感悟，作为破局的顶层设计。关于未来中国直销未来十年的发展，我认为一定会成为繁荣与创新的新时代。

关于直销立法修改的几大猜想

自 2005 年《直销管理条例》和《禁止传销条例》出台到现在，已经过去了十二年。随着直销行业的蓬勃发展，两个《条例》与现下的直销大环境已经有一些脱节，而直销立法修改的问题也引起了很多人的关注，如今俨然已成为一个受众人关注的问题。

当然，这个问题的产生，不单只是顺应了时代的变迁，更表明了企业、直销从业人员，以及想进入还没有进入直销行业的企业决策者们，逐渐学会从法律层面思考问题，也说明了企业界以及直销界的法制观念和素质在综合提升。

这是一个可喜的现象，说明我国直销行业的状态已经发展到了一定程度。因此我坚信，中国直销法律的修正和完善在未来一定会发生，因为任何全面约束管理这个社会的法律法规，应当具备普遍适应性，而不应生成核心障碍。

修正直销立法需从哪入手

直销法律的修正与调整，从内容和框架上用一句话概括，就是让我们的法律和直销的实际现象更相适应，同时还能在中国特色的基础之上融汇全球对直销行业的监管智慧。而这种调整与完善，无外乎三个方面。

第一个方面，对于直销与传销的界定进行调整。未来在直销和传销的精准区隔和定义上，比如像为直销行业带来原罪的多层次问题，一定会有一个更加清晰的界定。

第二个方面，对于直销准入的门槛或者准入体制上的修正和完善。直销目前的运营模式大致分为两种，一种是国际上许多国家采用的直销管理模式——备案制。直销只作为企业的营销方式，是企业自己的行为，采取什么方式销售产品企业根据自身的情况来定。
第二种是审批制，就像我们国家现在的法律体系一样，有条件地准入，
有条件地审批，以及让专门的机构来监管。

如果国际上大多数国家对于直销的管理采取备案制、开放性的
政策管理体系，我认为中国也没有理由长时间把直销当成一种重要
的特种行业来管制。而且随着我国法制社会的进一步推进和建设，
随着国际和中国全球化的互联互通的推进，这种变化很容易发生。

第三个方面，在产品的审批、直销区域的审批或者是开放流程
上进行调整修正。这种审批制度在推进直销的发展过程中会给直销
企业和从业者带来一些困扰和发展的瓶颈。从推进直销行业健康有
序发展的概念上讲，这也应是一个需要变革的重要领域。

要知道，直销立法的目的是为了维护消费者的权益，维护社会
的经济秩序，维护社会的公众利益，所以直销法律的修正和完善一
定会围绕这三个方面。假以时日，如果直销立法在达成这三方面的
基础上，能够更好地匹配行业的品质、速度以及规模，那么直销行
业一定可以更加健康、有序、蓬勃的发展。

直销牌照开放的前提条件

相对于期待直销立法的修改，很多没有进入直销行业的企业更期盼着直销牌照的开放，但直销牌照的放开还需要具备一些前提条件，这些前提条件并不是单纯取决于监管部门和政府的决策，更多的是取决于中国直销行业自身的发展。比如说第一个条件，当中国直销行业能够进入健康有序发展的正常轨道时，就为直销牌照开放创造了一个很好的条件；当直销企业能够严格地按照法律去维护好消费者的权益以及社会的公众秩序、金融秩序，呈现出一派井然有序的状态时，就为直销牌照的开放打下了基础；当直销行业基本消除行业乱象时，国家就可以依照现实依据来进行法律体系的修正和完善。

第二个条件，当中国直销行业的从业者们、经营者们，开始对直销有了完整的认识并理性地去推进直销发展时，这样的现象就会为直销的修法建立另外一个基础。不可否认，在今天中国直销的乱象中，有很多都是因为我们的经营者、投资人、企业主体、经销商等对直销缺乏完整的认知，甚至对直销的运营存在一些非理性的操作和行为体系而造成的。这些存在于直销行业中的投机行为、短线推动、非正当手段等乱象，体现了直销行业在非理性状态下的浮躁。在这种状态之下，如果直销全面开放，谁能担保传销不卷土重来？所以第二个直销法律修正和全面开放的条件，就是需要整个行业的从业者、参与者处在理性的认知和理性推动直销的前提之下。

第三个条件，对于传销活动的整治。当传销活动处于无法对直销行业正常发展的状态进行干扰时，行业开放才会成为可能。但以中国直销行业目前的状态来看，个别地方的传销行为甚嚣尘上，甚至有劣币驱逐良币的现象。各种变相传销、新型传销、金融犯罪和经济犯罪结合在一起的传销行为，让直销行业星光暗淡。在这种鱼龙混杂、鱼目混珠的状态下，在行业秩序还充斥着混乱的前提下，直销行业的全面开放，直销牌照的全面放开，还远远没到时候。只有当传销成为过街老鼠，人人喊打的时候，当大家随时都可以很清晰地甄别它的社会危害并自觉抵制它的时候，行业的开放才不会形成新的混乱。

第四个条件，当中国的消费者对直销的运营方式进入常态化的认知阶段，而不是对它的存在质疑与否定，或者是有各种各样的设想时，直销牌照的开放才不会出现问题。

总而言之，直销行业要想全面开放，整个行业就要具备这些基本前提条件，但我们也不需要刻意地、强势地揠苗助长。因为马克思曾经说过，当社会上产生了某种需要，那么它比十所大学或者城市推动它的力量都要强大得多。当消费者需要它，当我们的经济发展需要它，当我们的经营者、参与者能够很健康理性地从业的时候，那么这种开放就会成为现实。

耗时的修法流程

法律的修改是一个繁琐的过程，首先需要将它纳入修法计划的前奏，纳入修法计划也就代表着会列出时间表和修法的轨道，如果没有纳入修法计划或者纳入修法时间表里，那意味着这个法律的修正和完善是不会去启动的。

等到纳入修法规划以后，除了要进行修法的调研，还要成立专业的研究小组。在过去，直销的两个《条例》是公安部和国家工商部门，以及商务部门联合推进的，未来的修法同样会走这样一个流程来进行。当法律的修正稿起草完成以后，还要经过多轮研讨，甚至还会听取企业的意见、专家的意见、研究者的意见、各个相关联的主体的意见，以此来广泛吸纳民主的意见，然后在这基础之上通过国务院、法制办、法制部门审核，再经过国务院常务会议批准后才能颁发。

从历史经验来看，中国 2001 年加入世贸组织，在 2002 年开始按照世贸组织的要求研究并推进无店铺销售的开放，但直到 2005 年才正式有了直销的两个条例，而这三年也正是直销法律制定基本过程的流程所耗费的时间。当然在这样的基本过程上，还包括了国外考察等直销立法的必要过程。所以从时间来看，在未来最少也需要三到五年的时间直销立法才会修改与完善，但不排除有特别的情况来缩短它的时间。

修法过程中会遇到的困难

中国直销是在 2005 年立法，因此立法的过程中肯定会有一些时代背景，比如说为了满足入世的承诺，开放无店铺销售，同时围绕更加严密的打击传销行为，在开放的前提之下还要满足打击传销的目的，防止它死灰复燃。最终，中国直销立法在借鉴世界各国对直销管理的基础上，以不同的形式来结合中国国情以及行业的情况，制定了直销的两个《条例》。

在这两个《条例》运行的十多年里，它确实完成了立法时的一些初衷，比如在推进无店铺销售的开放、维护外商投资的权益、打击各种传销行为，把直销的发展逐步纳入法制化发展的轨道上等。

当然，十二年以前和十二年以后的直销发展情况不同，这两个《条例》还是存在一些要完善的地方，比如说直销的精准定义、单多层级、区域审批、产品的范围审批、直销员报酬额度计算方式等问题，都需要重新评估设计，重新进行表述。这样来看，需要修改完善的方面确实是比较多的，国家需要更长线的规划，因此直销法律的修正完善所需要的大量时间也是可以理解的。

而且我们也能发现，目前的两个直销条例其实是以推进直销行业在法制轨道上运行的，只是如果直销行业想要提速发展，想要提升品质发展，想要更具有开放性发展的时候，就需要来调整一些不适应发展的条款和内容。换句话说，直销法律法规的修正和调整在当下状况来看并不是当务之急，还没有到非改不行的地步。所以我们需要从更多层面去理解现在国家对于直销立法的态度，从更多层面去认知法律变更和修正的状态。也许直销立法的修改与完善不是目前立马就需要解决的事情，因此这件事情也许会延后，国家也会从实践过程中，去更加充分地考察，等待最恰当的时机再去调整直销的法律法规，这也是更负责任的表现。

不过在直销发展的过程中，我们也能很清晰地看到，直销行业的主管部门也是非常重视直销方面，比如上半年国家商务部推行的直销产品退换货制度。国家在直销行业的课题当中，也在逐渐地做一些相关联调研，做一些相关联的调整。从易到难，从一些具体的方面再到全局，我们都能明显地看到变化。这些变化实际上都是为直销未来的法律调整做一些准备，为了能够未来在启动调整的时候效率展现得更好，更加贴近企业直销未来的发展。

修法之路漫漫兮

直销法律法规的更改需要一个漫长的时间，一到两年之内完成直销修法过程是不太现实的，因为它确实需要严缜的流程和清晰的计划去推动这件事，而这件事情目前还没有看到明确的信息。具体时间实际上需要政府监管部门根据各种综合的情况，以及一些外力的推动来确定的。

因此我认为，修法的时间最短也要在三五年以后，当然在未来十年之内法律的修正和完善应该会基本落实。当各方面条件都很成熟，而且整个行业的发展又真正需要它做变革的时候，立法部门、行业主管部门一定会有行动。这是战略全局的问题，一定会在全局状态之下找到能正式推动它的理由，达到完善的局面。

总而言之，这些都是从整个法律修法的观察、时间、内容、流程，包括推动它的主体来讲，根据种种现象进行的初步判断。当然我们也希望行业自身不断地自律，各个直销企业主体能够更加理性地达成一致来抵制传销行为，让传销和各种经济犯罪打着直销名义的违法犯罪的行为能够逐渐地降低到干预行业发展的最低程度，甚至出局。这样对于推动整个行业修法时间的进程上会有很好的一个帮助。

直销企业如何打赢 30 亿业绩的突围战

随着行业的不断发展，直销企业数量由最初的几家到现今的 89 家，发展不可谓不快，但企业之间的业绩差异却十分明显。我暂将其归纳为三类：一，业绩在百亿以上的企业，如安利、无限极、完美等；二，业绩在 50 亿至 100 亿之间的企业，如新时代、康婷等；三，业绩在 1 亿至 30 亿之间的企业，这个业绩区域的企业数量是最多的。

那么，处在这个业绩区域的企业该如何突破发展瓶颈，实现跨越式发展，也成为很多企业困惑的难题。在这里，我将该区域的企业发展现状做一个分析，希望能给大家寻找出一条突破之路。

尴尬现状

经过我多年的研究发现，处在 30 亿左右业绩规模的企业，一直处在一个比较尴尬的状态，两三年内业绩一直没有较大的突破，而自己又没有能够实现迈入更高业绩企业行列的发展战略规划。出现这种现状的原因，我做了以下几个方面的分析。

首先，从成立年限上来讲，业绩在 30 亿左右的直销企业，基本都有超过 5 年的经营时间，并且这些企业都有自己完善管理、服务、产品供应链体系。同时，这些企业都有自己一定规模并且相对稳定的直销商队伍，而且这些直销商分布在中国不同的区域，这也是支撑企业业绩 30 亿规模的中坚力量。其次，这些企业的市场覆盖面都非常广，他们的市场几乎覆盖了中国的大部分区域，只是重点市场的分布有所不同。第三，这些企业都有相对成熟的直销商业模式，而这种商业模式是在企业获得直销牌照后，经过一段时期的发展沉淀、传承而来，且与他们的管理团队是配套的。

这类企业的发展相对稳定，企业的掌舵人也面临着一些问题，一方面如何让企业营业额突破 30 亿元，同时提升企业品质，推动品牌力的持续发展，为未来更好的发展打下坚实的基础；另外一个方面，他们又担心在自我竞争力重构方面力量不够，想要创新、变革但是又害怕这样的变革影响了现有的业绩，所以很多此类的企业多年来都在这样的水平停留，不能说不好，但是依旧存在很大的发展空间，因为这类企业的基础已经非常雄厚。

创新是根本

从行业整体来看，处在这个业绩区域的直销企业并不少，这些企业要想有所突破，我认为从战略布局上企业一定要有信心，这种信心来自于哪里？我认为，首先，整个中国的经济在以中高速向前不断发展，这种利好的经济发展走势与基本格局足以让我们对行业的发展充满信心。同时，国家对大健康产业的大力推动，以及"健康中国 2030"规划纲要战略的实施与执行，都是直销企业发展的重要利好保障，也是突破引擎。其次，对于业绩在 30 亿上下徘徊的企业，我认为他们可以大胆地创新和变革，因为今天直销企业的数量还远没有达到红海竞争的地步，企业业绩徘徊在 30 亿，更不是红海竞争所致，而是需要变革。这样将会更有力地推动企业的快速发展。

那么 30 亿左右业绩的直销企业该如何布局和突围呢？我认为最重要的就是变革和创新。只有在创新的前提下，才有可能打破企业这种"稳健"发展的现状。

产品供应创新

处在这个业绩区域的直销企业，它们普遍拥有相对完整的产品供应体系和直销管理团队，但我认为，这其中仍有可以创新的空间。以一些百亿级直销企业来讲，他们在产品优化和创新上做得就非常突出，比如一些企业依托中国中医药养生文化，利用中医养生技术，将理论与科研相结合，把产品的纵深优化提升到一个全新的层面。

虽然目前很多企业也在讲中医养生，但并没有对其产品进行细分和组合，而在一些百亿级规模的企业当中，我们可以看到他们对产品的细分，以及对产品的纵深开发和优化做得非常精准。现在很多业绩在 30 亿左右的企业，其产品线虽然比较完整，但在深度且具有靶向性的产品开发及细分领域的纵深发展方面依然有很大空间，同时，在产品的升级换代方面也有较大空间。

其实，业绩 30 亿规模的直销企业，他们已经有了很多固定的消费群体和粉丝，如果产品更具有功能性、更具有科技含量以及品类方面更加细分，那么我相信在产品创新的基础之上，也必然会对企业的业绩提振起到非常大的促进作用。当然，这里说的改变，不是在产品上简单地去模仿别人，做简单的产品组合，而是要结合消费者的需求，不断打磨，精益求精。

商业模式创新

除了产品的创新与变革，商业模式上的创新，对企业突破发展瓶颈也有着至关重要的作用。我通过对今年几家"黑马"企业的调研发现，他们之所以能实现业绩的快速增长，与其直销发展模式的设计密切相关。

这种发展模式的核心实际上就是客户价值的最大化驱动，首先通过低门槛的会员准入和吸纳，然后通过电商体系的长期优惠性消费，让消费者感受到足够的消费体验和价值，最后通过打造和建立这样一个粉丝体系，来推动公司整体业务的发展。这整个过程的设计与规划是一环扣一环的，这种模式不同于常规的直销模式，它是建立在移动互联网基础之上的，也吸收了微商、电商此类新营销业态的优势，然后通过重组供应链和产品体系而形成的一种模式，这对于直销模式来讲也是一次重大变革。

所以我想，企业要突破现有业绩状况，就要多研究、借鉴行业发展比较好的企业模式，像今年这几匹黑马企业一样，尽可能在发展过程中不断创新，打造一个更具有包容性、时代性、现代化的新型商业模式。

资源整合创新

直销企业在资源整合方面的突破与创新同样是其突破发展的关键。现在的直销行业相对有一些封闭，这种封闭主要是推动行业发展的要素都是在"圈里"实现的。如，这个行业的职业经理人大多是从一个企业到另一个企业；这个行业的团队，也大多是从一个企业到另一个企业，很少有企业引进圈外的人才。所以说，企业要突破现有发展困局，要在资源整合上多做一些创新，如引进高科技的人才、优秀的管理班底等等。

在这里，我以康婷公司为例，他实现了单独一个直销系统业绩就突破 30 亿的成绩。这其中有一个很重要的概念，就是他在组建自己的直销员队伍时，90% 的资源并不是来自于行业内平台之间的流转，而是在传统的美容行业，传统的中小企经营者之间做跨界整合。也正是由于康婷公司突破了行业内资源体系整合的常态，从而促成了整个企业运营业绩规模的大踏步式发展。

此外，北方大陆也是一个很好例子，据董事长邹忠全预估 2017 年北方大陆的市场业绩将突破 30-50 个亿，2018 年有可能上百亿，何以得出这样的预估？这其中也源于北方大陆公司在整个资源整合上做出的跨界动作，重塑了直销经营的多元化和短、中、长期相结合的多层次价值体系。不得不说，企业的这种跨界整合以及通过跨界链接和建立的全新价值体系，都为企业的发展提供很大助力。当然不同的企业，由于条件不一样，基础不一样，经营者、决策者的思路不一样，其他企业不一定要完整地复制，但这种思维模式，大家是可以有效借鉴的。

市场发展创新

市场发展创新，我认为也是企业业绩提振不可缺少的重要因素。比如完美公司，过去几年他在山东一个省的业绩就已经突破了 15 个亿；安利公司，仅华东区域的业绩就占到了总业绩的 20%–30%。

这组数据充分说明，中国一个区域市场的潜力是非常大的。当一个区域市场的潜力被充分挖掘的时候，一个省或者稍大一点的城市就能够为直销企业带来 10 亿左右的业绩。那么以此为依据推论的话，如果有五六个这样的市场，一家直销公司的业绩突破 30 亿那也成了一件容易的事情。因此，我认为企业完全可以通过区域市场的深耕，来驱动整体业绩的突围。而且，现有 30 亿业绩规模的企业，它们基本实现了区域市场的全覆盖，如果每个区域实现两三亿的增长，那么也就成功突破了 30 亿的业绩规模，如果一个区域市场业绩增加到 5 亿或 10 亿，那这个企业基本就是百亿级的企业规模了。所以要想突破现有发展现状，区域市场的深耕同样是一个重要要素。

营销团队创新

现在很多企业的发展，据我观察，他们往往在刚起步的时候发展很快，但到了企业发展后期，就出现了后劲不足的情况。对于这种现状，我认为是由于企业发展前期经销商队伍充满活力与干劲，整个组织是在激情满满的状态下来开展业务的，但到发展后期，这种激情活力也逐渐减退,导致企业增长速度开始放缓,甚至是负增长。因此,企业对经销商队伍进行合理有效地改造,充分增强他们的活力和激情,设计出新的拉力系统和引擎系统,同时配合企业模型、品牌、策略等,形成一个新的发展氛围,才能不断带动企业业绩的提升。

众所周知,在直销队伍的人员构成中,年龄大一点的人群相对偏多。虽然现在直销行业有一大批 80、90 后的人员加入,年轻力量在日益凸显,但就整体而言,从业人员年龄还是相对偏大。虽然近两年,很多直销企业都已经开始制定年轻化战略,他们希望能够有更多的年轻人加入到自己的企业当中,为企业的发展带来更多新生力量。这一点,我认为非常值得更多企业学习,在营销队伍的建设上也要注重创新,除了对现有队伍进行专业化培训打造之外,还有引进更多年轻的力量,给团队注入新的思维、新的观念,以及带来新的工具等,从而提升企业整体的营销能力。在引进年轻经销商的过程中,我认为企业也要多做一些思考,通过什么样的方式来吸引年轻人,是否要设计一些新的商业模式,提供新的展业工具等等。

在这方面下一番功夫，相信企业的整体市场作战能力也会得到很大的提升。

数据库开发创新

现在，对于业绩在 30 亿左右的直销企业来讲，他们都已经有了良好的数据库系统。但我们也知道，大部分企业更关注的是数据库里那些较为活跃的经销商数据。一般来讲，企业活跃的经销商数量能够占到整个数据库的 10% 左右，也就是说，如果一个有着 50 万经销商队伍的直销企业，实际上活跃的人员可能只有 5 万人左右，而一些业绩普通的企业，他们的经销商活跃度可能只有 2%–3%。

由此也可以看出，一个拥有百万级经销商数据库的直销企业，实际上推动整个企业业绩发展的经销商却是占了少数，而对企业来讲，他们往往把更多的注意力都放在了这少部分活跃的经销商身上，而剩下的约 90% 的经销商，企业基本都弃之不管。如果按照今天大数据的概念来讲，这相当于丢掉了企业最宝贵的资产之一。

所以我认为，企业要取得更好的发展，除了要关注那 10% 的活跃经销商外，还有一个重要任务，就是把剩下 90% 的经销商价值挖掘出来。这一般有两种方式：第一，在经销商消费价值最大化的方向上，不断地拉动他们的活跃指数；第二，企业经营者也要多结合市场出台一些利于经销商活跃的政策，让大家都能够参与进来。只要把这两个方向结合起来，通过数据资产的重新延伸、激活，从而形成新的价值覆盖。

关于直销行业形象建设的几大构想

每一个行业都有属于自己的标签，这种标签就如同向公众递上的一张名片，向外界展示着自己的形象。直销行业是一个被广泛讨论，但又是一个常被误解的行业，一直以来，直销的发展与传销可以说共生了多年，传销对社会造成的危害，间接地损害了直销的行业形象。

那么今天，我们应该如何去塑造直销的行业形象，或者说我们如何将真实的直销行业以及直销行业流动的正能量传播给更多的人，则需要我们大家一起来努力。虽然现在很多的企业、经销商以及行业媒体都在不断地传播行业正能量，但相较于这二十几年残存下来的大家对于直销的偏见而言，力量还不够。所以对于行业形象建设的问题，我也认真做了一些思考。

直销人心中的行业形象

站在行业的圈子里思考，很多人其实会觉得直销行业很好。第一，直销帮助很多人解决就业的大难题；第二，直销企业按时给国家上缴税收；第三，直销促进了相关产业的建设和发展；第四，直销推动了区域经济的发展，拉升了区域经济的增长力；第五，直销对人民的美好生活做出了贡献；第六，直销拉动了上下游关联产业体系的发展；第七，直销促进了中国传统文化的传承和发展。这些都是直销行业对社会做出的贡献，我曾在《中国直销正能量》一书中，系统地阐述过直销对国家的贡献、对社会的贡献以及为普通老百姓带来的价值。

这是我们身处行业的人看到的直销，但在社会公众眼中，直销又是一个什么样的行业呢？对此我们也做了一些调研，得出的结论跟我们自己看到的行业还是有些差距。

大众眼中的直销行业

第一，直销与传销等非法行为共生。在直销行业的大环境里，混迹着非法传销、非法集资、金融诈骗等猖獗行为且此起彼伏。一些缺乏正气的直销从业人员，抵御不住传销和金融游戏的诱惑，涉足虚拟币以及各种各样的资金盘等，这些行为都让直销行业有了一些乌烟瘴气。

第二，直销从业人员过于追逐短线利益的思维和做派，影响了行业形象，一些获牌的直销企业，也存在"踩红线""越底线"的违规行为。同时，企业对经销商的管理过度放松，不强化商德建设，唯业绩是从，这也导致了行业一些乱象的产生。另外，行业内尚存在从业群体涡漩式的乱流、职业经理人跳槽式的平台迁徙、部分直销队伍过度频繁地变换平台，这都影响了直销行业的公众形象。

第三，社会公众对直销的认知普遍不够全面。很多外行人对直销的了解，尚且只停留在对安利、玫琳凯这类老牌企业的认知上，而对行业企业其他或者行业的发展规律了解甚少。但是，中国直销立法已12年了，这期间也有一大批优秀的直销企业涌现出来，特别是中国直销行业第一、第二方队的企业，它们所展现出来的社会责任感和严于律己的专业态度，都是行业正能量的体现。

第四，直销从业者的劳动成果得不到信任。这一点在很多刚从事直销的人员身上表现得特别明显，他们刚入直销往往会遭受他人异样的眼光，甚至有的人在自己倾力付出之后，还得不到外界的尊重和理解，他们通过努力得到的收入，却被很多人认为来路不正。这在我们看来是一件很可悲的事情。

以上这四种现象会让老百姓对直销行业的诚信和品质有所质疑，会引来监管者和消费者对直销行业的不信任，也造成外界对直销更多的曲解。

我认为目前直销行业所蕴藏的正能量，并没有得到充分地释放。对于直销的价值以及直销带给消费者的益处，关于直销行业为国民和社会做出的贡献，这些都没有给公众留下深刻的印象。因此，树立正面的行业形象极具必要性。

这些年，在不少直销行业的大会上，很多人说要让直销人伟大起来。我认为即使称不上伟大，但至少要让直销人的劳动成果得到足够的尊重，得到公平的对待。能做到如此，就已说明直销行业的公众形象建设取得了很大进步。

如何提升直销行业形象

针对直销行业目前的公众形象建设，很多业内的有志之士，包括一些企业的经营者和从业的直销精英都很关注，而且也在通过多种方式，试图推进直销行业公众形象的建设，这确实是一件面向未来的、有战略价值的事情。

中国有句古话叫做"覆巢之下，安有完卵""城门失火，殃及池鱼"，同样的道理，如果直销行业的形象不佳，它的发展势必会受到局限。所以只有把行业共同的土壤培育得足够肥沃，行业共同的生态环境得以有效的治理，整个行业才会变得生机盎然。那么直销行业的公众形象到底应该如何提升？我认为有以下几个方面需要大家一起努力推进。

行业人要有共同的认知

对于直销行业的形象建设问题，整个行业都要有共同的认知。因为直销行业现在还是带有一些封闭性，如同上文所言，我们自己感觉这个行业非常良好，但事实并非如此。所以要建设行业的公众形象，首先要从直销人对行业的正确认知做起，有的放矢，对症下药。

直销行业虽然是小众行业，但是涉及面却非常广，渗透到的地域也很广阔，影响到的人群和牵动的目光一点都不少。所以实际上，从渗透力和影响力的角度来讲，直销就属于一个大众型的行业。面对如此众多的人群，想要纠正大家的认知，传播正确的理念，达成一些共识，这无疑是有难度的，但要彻底改变行业公众形象，这也是必须要做的。所以全行业首先要对目前自身的公众形象有正确的认知和清晰的了解，确定了思想层面的事情，然后再谈具体的实践。

明确责任主体

如果直销从业者在推动直销事业的过程中，能够秉承正确的从业理念，真正做到童叟无欺，沉下心来，把自己浮躁的心收回来，扎扎实实地扎根在一个直销平台上去发展，去建功立业，去维护消费者的合法权益，并且提供周到的服务，这样他们的付出与劳动成果就会得到应有的认可和尊重。因此，要提升直销行业的公众形象，就需要各个行业形象的展示主体和责任主体共同行动起来。

直销行业的责任主体之一，是直销企业。企业的行为、营销策略、发展策略，以及他所展现出来的公众形象，直接关联到行业整体的公众形象。直销企业树立良好形象的前提是建立健康持续的科学发展模式，协调好各个层面的关系，打造绿色的产业增长模式。其次，要具有开放的精神，在新的发展时期，打造公平的奖惩平台，遵纪守法，对市场经销商进行正规化的管理，让整个企业充满正能量。此外，还要多为国家和区域经济的发展做贡献，多承担社会责任，建立以产品为基石的回归直销本源的发展模式。这样一来，才能真正地让直销行业，在维护消费者价值、社会秩序以及国家经济秩序的过程中，塑造充满正能量的公众形象。

第二个行业责任主体，是经销商。在这个群体中，有部分人的做法是不妥当的。首先，存在欺瞒消费者的现象。比如有些人在推动产品销售的时候，夸大产品的功效或者夸大自身的收入等；其次，有些经销商总是用投机取巧的眼光，不断频繁地更换平台。这种非专业的从事直销工作的态度，难免会让外界对直销行业的从业者产生误会。所以经销商也是一个非常重要责任主体，一定要规范自身的行为。

第三个责任主体，是职业经理人。职业经理人的不当作为有很多种，他们有的是过于急功近利地推动业绩的发展；有的是过于频繁地更换平台；有的是在设计企业发展模式的时候偏离正道，搞邪门歪道。而这些行为，都会成为酿成行业乱象的"帮凶"。所以直销行业的职业经理人，作为行业公众形象建设的重要责任主体，他们应该有理想、有担当、讲诚信、讲规则，拥有真正的责任感和集体荣誉感。

第四个责任主体，是政府相关职能部门。直销行业从立法以来，在政府部门的监督下，总体展现出了良好的发展成果，但是也存在有待提升的方面。首先，监管部门应该以更加严厉的手段打击非法传销，因为如果一个行业的正气不能压倒邪气，邪气就会上升，整个行业就会呈现出乱象叠出的状态。在这其中，作为行业监管和执法部门，应当严厉打击任何经济犯罪层面的行为，这样才能够为行业伸张正义，真正体现直销企业的社会价值。另外，目前很多直销企业在运用直销的方式进行营销创新时，缺乏对直销全局观的把握。因此，相关职能部门在监管的同时，也要加强对直销行业的引导和监督。

此外，想要推进直销行业公众形象的建设，也要依托一些社会组织的力量，这在国际上也有惯例。依照国外的经验，行业协会对

于行业商德的建设和传播，以及在行业重大问题的协商等方面都具

有重要的作用，并且行业协会能够通过和政府之间的有效沟通而形

成桥梁，来表达集体意见。所以在未来，要想提升行业的公众形象，

行业的社会性组织会起到很重要的作用。同时也包括行业内一些专

业的研究力量、专业的机构、社团性的组织等，需要我们充分地调

动起来，这有助于促成行业达成共识，传播和打造行业正能量。

加强与媒体的互动

直销行业想要提升公众形象，我们的各个责任主体，都应当加

强与媒体之间的战略性互动，舆论磁场也是非常有意义的。有了足

够的传播力度，才能提升整个社会和老百姓对直销的认知和了解。

因此，依靠各种社会力量来展示和传播直销行业的主流价值，传播

主流的正能量故事，是提升行业公众形象的一个重要途径。

尤其在信息化特别发达的当今社会，自媒体与互联网媒体，以

及国家的主流媒体交织在一起，人们的很多观念，很容易受到舆论

的引导。所以我们应当不断地继续发力，与媒体和舆论之间达成高

频度的互动，实事求是地向公众展示直销行业的发展成果，释放直销行业的正能量。同时要让社会对直销行业的发展形成集体监督，引导人们多层次地认知和了解直销行业的价值。媒体和舆论的社交力量，会不断地作用于行业公众形象的建设之中。

在这里，我也衷心地希望，直销行业能够早日拥抱主流商业领域，能够拥有非常良好的公众形象，能够让直销从业者受到社会应有的尊重和认可。

多元化营销模式是直销的拦路虎还是垫脚石

随着科技的进步和经济的发展，各种新兴营销业态迅猛发展。以电商、微商为代表的基于移动互联技术而发展起来的创新营销模式，已经成为新经济时代和新消费环境下的多元化营销模式中不可忽视的力量。而在最近一段时间，"新零售"也成为零售业界的热门话题，以阿里巴巴为代表的电商巨头纷纷有所行动，逐步探索适合自己的新零售之路。比如在 2017 年 11 月 20 日，阿里巴巴集团与 Auchan Retail S.A（欧尚零售）、润泰集团宣布达成新零售战略合作，此举被相关人士解读为阿里巴巴新零售布局的重要举措。

在这样一种多元化营销模式并存的环境下，有人开始担心直销行业会受到这些新兴营销模式的巨大影响，更有甚者担心直销行业会被某种新兴营销模式所替代，就此终结。果真如此吗？

时间见证直销的持续生长

大概在五年之前，我应邀出席一次行业会议。在正式会议之前，主办方邀请了一部分行业的领袖级人物，包括企业家、企业决策者、营销领袖、行业研究专家等专业人士组织了一场会前会。在这次会前会上，主办方邀请了一家电子商务咨询企业的专家来谈一些电商发展的问题。在谈到电商的发展优势时，他把电商模式与直销模式进行了对比，并在言语中透露着直销会被电商取代之意。

当时，会议的主题主要是探讨直销与电商的模式结合问题，但是在这样的对比中，整个会场慢慢地好像被笼罩在一片"直销末日"的氛围中。谈及直销处于全球电商巨头如阿里巴巴、亚马逊、京东等电商平台的崛起和包围中时，让与会者对直销行业的未来抱有一种悲观态度。所以，当会议中讨论的话题开始向着"直销末日"论转向时，参会人员逐渐认为随着电商巨头的崛起和全球商业模式的重构，直销这种营销模式再继续走下去就是改弦易辙，将被电商完全覆盖和替代。虽然我内心中有着不同的看法，但出于对举办方的尊重，并没有过多发表意见。

　　但时隔五年之后，我们再回过头去看，直销行业被电商吃掉了吗？直销行业被替代了吗？事实恰恰相反，直销行业依然欣欣向荣，行业中人依旧怀有满满的正能量，对直销未来的发展充满憧憬和希望。五年来，直销行业不断地进行创新和变革，并依托互联网科技的飞跃式发展，逐渐积蓄迸发的力量。相反，电商的红利正在减少，不少电商企业已经开始谋求新的出路。

　　而在两年之前，随着移动互联对人们生活的影响不断加深以及智能手机的普及，创造出了一种新的商业形态——微商。微商是相对于电商而言的，是一种在移动互联技术支持下依靠社交软件而兴起的微小电商。微商的迅速崛起，让行业间又有一些新的观点浮现出来: 直销OUT了,直销将会逐渐被微商取代……各种观点甚嚣尘上，各种变化目不暇接，甚至当时很多直销企业已经开始思考如何来对接微商进行转型的问题，微商似乎一下子成为覆盖整个社会经济的主流商业模式。传统的商业模式都被它的光芒所盖住，何况是处于发展中的直销行业。所以，一时之间，直销行业好像又处于将被微商偷袭、取代的境地了。

　　但是时隔两年之后，直销还依然很强劲地在往前推进和发展，而微商却已经失去了两年前横扫千军的高歌猛进气势，甚至有的微商企业基于法律层面的问题、发展后劲不足的问题、模式本身缺陷的问题，已经开始向一些直销企业靠拢，寻求与直销的融合。相比两年之前有人预测"微商将取代直销"的看法，直销与微商如今发展状态的差异恐怕会让很多人大跌眼镜。

以上两个事例说明，面对不断涌现出来的营销模式，直销人完全没有必要杞人忧天，自己吓唬自己，一切都没有想象中那么可怕。从直销行业的发展历程来看，无论在全球其他国家还是在中国的发展，直销行业都经历了各种变革和困境，经历了各种新时代因素的冲击，但如今依然保持着它旺盛的生命力。

存在就有它的道理，发展就必然有它的支撑要素。新型商业业态的崛起和发展，必然会给行业造成一些冲击，凡是新的事物、新的业态、新的活动、新的秩序总会对过去固有的格局造成一定影响。但是，任何营销模式都绝对不会替代直销行业的发展，不会因为有了微商、电商，直销就会走上终结之路，这种观点是站不稳脚跟的。但是，直销行业的确会受到一些新观念、新营销模式的影响，甚至会在短期之内受到一定冲击，也许会出现动荡，但绝对不会影响总体的发展趋势。直销行业是一个持续向前发展的行业，是一个依然稳定有序成长的行业，它的发展根基依然存在。

直销持续成长的四点理由

之所以说直销行业的根基依然存在，且是一个稳定有序、持续前进的行业，主要基于以下四个方面原因。

第一，直销的历史发展过程预示行业将持续成长。现代直销从美国诞生发展到今天，已有将近百年的历史，在其发展过程中经历了不同的阶段，在空间上经历了不同的地域，从美国诞生并延伸到了欧洲、亚洲、非洲、大洋洲多个国家和地区。虽然直销在这样一段发展历程中经历了金字塔销售骗局等各种冲击，也受到了邪恶势力的挑战。但最后正义战胜邪恶，直销行业在迎接挑战的过程中也得到了成长，营销模式也变得越发成熟。

直销也经历了一些新型营销业态的冲击。直销在美国兴起，而美国的电子商务发展比中国要早，同时它的早期成就也比中国要大，在互联网的运用及其互联网经济方面的变革也比中国更迅猛。所以直销行业在美国以及其他一些发达国家受电商影响的时间要比中国早，时间跨度也比中国长。但这种冲击并没有造成直销在它的发源地美国被电商替代，也没有造成在其他国家被替代。

以史为鉴，可以知兴替。直销近百年的发展历史证明，任何新商业业态的崛起都不会在一夜之间取代直销，成为直销的终结者。

第二，创新与变革保证直销行业持续生长。从直销行业本身的发展来看，它不是一成不变的。随着日新月异的科技发展，新兴产业的出现都将引起社会新思潮和新观念的兴起，进而影响到社会的各个方面，这使得近百年前的直销与今天的直销有一些差异。在新科技、新产业、新观念等新元素的影响下，直销行业也在不断地与时俱进地进行着创新与变革。

直销行业近百年的发展历史，包括在中国发展的历史都证明了直销在创新的道路上有良好的兼容性，有创新的各种端口，比如国际直销进入到中国后就发生了显著的变化。国际直销采用无店铺营销的方式，但是直销来到中国，基于中国的政策法律和商业实际情况，变成了直销员＋店铺的营销模式。在很长一段时间之内，大家都在研究这个问题，包括一些国际直销巨头的管理者，他们觉得国际直销是无店铺的销售模式，在中国变成有店铺模式后是否会产生变化，影响行业发展？但事实是，当国际上的无店铺直销转化成中国的直销员＋店铺的商业实践活动后，直销在中国的发展比在全球其他区域更好、更快、更稳健。所以说，直销行业在创新的过程中具有很强的兼容性，具有很强的适应性，如同生物演化的"进化论"，能够适时结合社会发展现状做出向上发展的"进化"。

第三，商业模式的转型升级保证行业持续生长。中国直销发到今天，尤其从 2017 年来看，有部分企业成为脱颖而出的行业黑马，企业发展获得了重大的突破，比如绿叶、德家等。我在研究他们的商业模式时发现，他们实际上已经与电子商务、微商等新营销方式进行了融合，也与新技术进行了有效结合，如对互联网、移动互联网的运用。同时，企业在进行大数据技术的运用和有效信息的挖掘后，也实现了与直销模式的有效结合。

同时，这种结合、创新和改变，并没有改变直销模式的本质属性，也没有影响公司直销规模的扩张和业绩的提升。相反，还出现了非常令人羡慕的业绩爆发式增长。这说明，直销行业在与新的多元化营销业态的融合作用之下，可以吸纳新营销业态的正能量、优势和特点。借助新技术的运用，有效地打造直销商业模式的转型升级，建构形成直销模式全新的内在商业逻辑。这是我们可以看得到的，并且清晰地发生在我们身边的案例，彰显出直销行业未来发展创新升级的全新路径。这也是直销不可能被替代或者消亡的另一个典型佐证。

第四，直销的商业本质保证行业的持续生长。历经近百年，直销在全球范围之内虽然已经形成了成俗定势的发展模式，但实际上，从近五年的直销行业变革发展中会发现，一些主流的直销企业都在悄悄地运用新技术，运用切合新体验经济的营销理念，打造新的线上线下平台，推动供应链的创新和架构。直销企业不断吸纳各种创新要素，对直销模式进行创新和变革。

尽管直销模式在新的消费时代中不断进行转型升级，但万变不离其宗，直销这种营销业态的典型特征没有改变，内在的本质也没有改变，改变的是技术、效率和部分支撑要素。这种改变成为直销模式向前发展的强劲动力引擎，推动直销行业快速、稳定、持续发展。

所以，在这样一个变化的时代、创新的时代、变革的时代，在这样一个新技术、新产业快速崛起的时代，直销行业的内容创新和模式变革是必然的，但是直销的典型特征没有改变，它的本质也没有改变。

所以，直销行业不会被新兴的营销模式所替代。相反，直销会以创新和变革的方式更好地适应时代的发展。

会销、美业的融入，让直销走向利好

会销是一种通过会议来寻找特定顾客的营销方式，这种营销方式几乎是与直销同时诞生的，它对中国健康产业的推进，也做出了一定的贡献，比如对健康理念的传播，对健康产品的销售，以及对老百姓健康知识的普及等。而美业作为一个和"美"有关的产业总称，在经历了二三十年的发展之后，其业务范围得到了较大的拓展，引起了很多人的关注。但无论是会销还是美业，在当下都处在发展竞争阶段，他们为寻求新的突破，都在不断地尝试创新和转型。

反观直销行业，虽然近些年得到了蓬勃的发展，但不可否认的是，在目前日益加剧的市场竞争中也不断受到其他商业业态的影响。因此，直销也在积极寻求变革转型，进行多样的创新和融合尝试。那么，会销、美业与直销三者之间是否能够进行有效地融合，并在有效的融合之下创造出新的商业蓝海呢？

什么是会销

会销是通过组织会议的方式，在会议现场进行产品教育和产品销售，同时对会销的消费者进行长期有效地关注和管理。然而随着会销的发展，近年来也出现了一些新的问题。

首先，从商业流通领域来讲，会销不同于直销，直销是通过《直销管理条例》与《禁止传销条例》来确定其合法商业地位的。而会销在法律上还未确定其合法的商业地位，这也成了制约会销发展的重要瓶颈。

其次，从会销的行业现状来看，它的公众形象不容乐观。其实在会销行业刚刚崛起的时候，无论是它的会议召开流程，还是在产品价值的客观描述上，都是比较正规与真实的。但随着行业的发展，部分会销公司为了赚取利润、快速提升业绩，在销售的过程中，出现了夸大产品功效的现象，甚至用欺骗性的手段让中老年人购买产品。而这些中老年消费者由于缺乏足够的理性判断，往往会购买一些与预期相差甚远的产品，由此引发家庭矛盾。这些情况的发生，给会销的行业形象带来了巨大的贬损，所以一谈到会销，很容易让人想到欺诈与夸大宣传。也正因为如此，全国各地对会销的监管也越发严格，甚至很多地方的行政法规规定禁止开展会销活动。所以从监管层面来看，会销行业的生存和发展正面临着巨大的挑战和压力。

再次，从行业当前的规模来看，会销仍有很大的提升空间。有调查数据显示，大部分会销企业规模是非常小的，几乎没有业绩超过百亿级甚至 50 亿级的企业，90% 以上的会销企业的销售额都在几千万到上亿的区段之内。因此从业绩层面来看，会销行业缺少旗舰型的会销企业群体来推动行业的整体发展以及行业秩序的建立，因此无法促进政府对会销形成比较客观、公正的形象概念，也无法推动相关法律法规体系的建立，所以这也影响了会销行业的进一步向前发展。而在这方面会销与直销却存在较大差异，直销行业的整体规模在 2000 亿以上，百亿级企业、50 亿级企以及大品牌企业有很多。所以，直销无论是整体的产业规模，还是个体的企业都能够支撑、促进行业的发展。

当然，会销从诞生发展至今，一样面临着新业态的不断冲击，面临着创新与变革的诉求。但我们从会销 20 多年的发展中，同样可以看到它所具备的优势。首先产品的优质性，由于会销的特点是现场成交，所以它的产品本身具有很好体验性以及功效展示性，经得起考验。

其次是数据的靶向性。由于会销的产品成交是在会议现场完成的，它所面对的是一个个终端消费者，因此会销企业可以收集到大量的终端顾客数据。这些数据具有非常大的价值，会销企业可以通过它直接触及每一个终端消费者，直击每一个家庭，然后可以更好地帮助企业研发更具针对性的产品。

第三是会议的熟练掌控。作为以举行会议的方式开展营销活动的营销模式，会销在 20 多年的发展中打造了一批专业的会议组织者、活动组织者，他们对会议现场的设计、会议流程的打造以及会议效果的管理、会议氛围的营造都有着丰富的经验。

第四是优秀销售人员的培养。会销行业培养了一大批优秀的销售人员。这些销售人员手中掌握着大量的终端消费者，他们为自己区域内的消费者提供营销和产品信息，实时地将会议活动的信息分享给终端消费者，同时为消费者提供长年累月的服务。所以这样一批专业的营销人员，也是会销行业的优质资源。

不可否认，会销行业发展至今已积累了大量优势资源，只是由于受到政策法律的制约，以及一些企业不良运作的干扰，使得会销行业的公众信任度较低、公众评价不佳。

会销与直销的融合

面对如今的发展困境，会销行业可以根据会销和直销两者之间特点，尝试与直销行业进行融合，找到新的发展出路。关于具体如何进行两者之间的融合，可以在以下方面做出尝试。

第一，产品资源的结合。会销行业有一些非常优秀的产品，从品质到功效，都经过了市场的考验，同时又有很强的产品竞争力和产品功效的现场体验性，而具有这些特性的产品，恰好也是直销企业所需要的。其实不管直销还是会销，本质上都是基于卓越的产品来进行销售。所以在产品及其供应链上，直销和会销可以做一些优势的结合。

第二，如前文所述，会销企业拥有巨大的终端消费数据库，同时也有一批很好的会议和活动组织群体，这些恰好也是直销行业当前能够兼容并可以充分利用的地方。把会销行业的客户数据资产，放到直销行业来进行深度地结合，同样可以找到精准的合作点。而会销专业的会议组织者群体，同样也可以为直销企业注入优秀人才，从而打造生生不息的资源体系。所以无论从产品、终端消费者数据库还是专业化的人才资源，直销与会销都可以进行良好的合作。

第三，两者还可以选择模式上的结合。第一种方式，会销企业可以向直销转型。会销企业通过正常的程序和规划，进军直销行业，同时把平台上的产品资源、人才资源作为进入直销后的支撑体系。另一种方式，会销企业也可以与正规直销企业进行合作，在合作的过程中，通过数据库信息的对接、营销体系对接，形成两者之间的资源共享。

此外，在与直销的结合上，不少会销企业做了很多努力与尝试，我们看到有成功转型直销模式的会销企业，也有与直销企业建立了深度合作的会销企业。所以，从目前研究结果来看，无论是会销还是直销，未来两者之间会基于产品、模式、客户数据、产品供应链以及人力资源等方面进行深度的合作，共同打造出会销和直销崭新的蓝海体系。

什么是美业

顾名思义，"美业"就是以打造、创造或者服务人们追求美丽梦想而诞生的一种行业。它的业务范围包括美容、化妆产品以及一些专项服务，这些板块共同构建出专业的美容体系。同时，美业包含两条线，第一条线叫作日化线。这条线是先通过大规模的生产，然后再通过大型商超、连锁店把产品推给消费者，最终形成消费行为。在整个消费者的教育和品牌传播上，日化线通过在各种公众媒体上进行大量的广告投放，推进产品的销售，比如联合利华、资生堂、宝洁等。可以说，这些企业有较强资金和实力来维护这种高成本的渠道和高覆盖面的产品销售方式。

除了日化产品外，另一条线是美业的专业线。它在商业运作模式上很少有大型的传播和推广活动，在渠道上也不是通过大型的超市和商业广场来进行的，而是通过专业的美容院店，也就是在全国各地街头巷尾出现的美容店、理发店、造型店等进行销售，且在每一个美容院店，都有大量的美容顾问配合产品的推广。同时这些美容顾问也提供参与性的服务，成为美容院店员工体系的重要组成部分。

在这个过程中，其产品可分为两个部分，一部分是具有全新概念，有着前瞻性、良好功效性与强大差异性的化妆品，比如说补水、美白、祛斑等产品。另一部分，随着美业专业线的发展，美容手术等医学美容内容也逐渐被引入到了专业美容线上。所以引进的医学美容设备、流程、方法以及轻微的微创手术，也成为了专业美容线的一部分。

我们通常说的"美业"指的就是这种依托专业的美容院、专业的造型店、专业的养生店铺体系，来完成产品销售的一种营销模式。

这样一种由大大小小的美容院体系、美容渠道、供应商、管理商所

共同完成的营销领域，我们称之为"美业"行业。

美业的发展与现状

其实，"美业"的发展历史一点不比直销行业的发展历史短。

美业基本上是与中国直销行业同时产生的，它起源于上个世纪八九十

年代。随着人们在追求"美"方面的投入、消费不断增加，这也让

美业在中国逐渐走向兴盛，并形成了各种专业品牌的美容连锁店，

甚至是一些知名的医学专业美容品牌。

目前美容行业有着良好规模和发展前景，整个行业的销售额高

达几千亿。当然，在美业的产生、发展以及崛起过程中，一直都有

一个很好的政策监管基础，这让它在法律政策层面几乎是没有制约

的。但虽说如此，美业在发展的过程中，也同样遇到了一些挑战。

首先，美容院店的营销方式主要是以"坐商"的方式来经营，

但由于社会节奏加快，人们在消费产品和服务时，更加追求服务的

便利性与快捷性，而这种"坐商"的营销体系，显然会受到一些新形态营销的冲击。美容院店的等客上门式营销的市场开发能力有限，而直销则是以主动出击的方式，主动扩大消费体系范围。因此，这种"坐商"式的美容院店也受到了市场开放方面的挑战。

其次，在收集产品信息的便利性、快捷性上，尤其从远程互动上来讲，美业又受到了微商与电商的影响。我们知道，无论是电商还是微商，它的信息是全覆盖的，只要有互联网的地方都可以覆盖到。从实践上，电商和微商可以24小时不间断地给顾客输送产品的信息，再加上现在便捷的支付体系的协助，顾客可以足不出户的完成美容化妆产品的预约购买。而以"坐商"模式运营的传统美业，显然会受到这种新营销业态的挑战。

再次，我们都知道，美容店一般实行会员制。这种会员制在初期会为美容店快速吸收会员，提升业绩规模。但随着会员的增多，当前的服务体系规模逐渐无法满足会员对服务的需求，因此顾客满意度也会相应地产生影响。也有一部分美容院，由于经营成本的增加，出现了经营上的困境，最后导致无法对顾客履行服务责任，这些都严重地影响了美业的公众声誉。

第四，随着美业的不断扩张，经营企业的数量也在不断增多，这间接导致了产品同质化。虽然不同的美容院在产品上有不同的概念，但产品功效、技术仍不免大同小异，这个因素同样影响了美业的发展，形成了发展的瓶颈。

最后，虽然无论是医学美容还是整形美容都是时代发展需求的产物，但从全球美容产业的发展来看，一些国家，如韩国、日本以及我国的香港，他们的整体发展水平以及技术力量确实更加略胜一筹，因此国内消费者在美容方面的选择上可能会更加偏向于以上的地方。

也正是以上这些方方面面的因素，构成了今天美容行业跨越式发展的障碍。

美业的优势资源体系

不可否认，美业通过20多年的发展，沉淀了很多优势资源体系。首先是它遍布全国大中小城市的美容店铺体系，以及这些美容店铺体系所链接延伸到的众多家庭，还有解决营销最后500米而建立的顾客数据体系等。同时，这些店铺也是其终端顾客享受精准有效服务最有效的平台。

第二，由于美容业的专业线和日化线走的路径不同，所以在专业线领域，也会积累一批优秀产品。这些产品功效性强，体验感强，市场竞争优势大。这在美容行业里也是非常值得称道的优势资源体系之一。

第三，美容行业在20多年的发展中，聚集了一批专业的美容人才，他们对美容知识的掌握，对顾客的美容美体服务，对终端客户的维护，对产品顾问式的推广等，都是非常专业的，这也成为美容行业的宝贵资产之一。

此外，美容行业通过多年的发展打造了一批高品质的、专业化的美容服务场所。这些场所能够精准地、专业地为追求"美"的消费者提供美容服务。

综上所述，美容行业尽管面临挑战，但潜力依然巨大。

美业与直销的融合

从目前数据来看，近 5 年以来，中国美业市场的发展速度很快，但中国人均美业产品的消费率相较于国际来说还是比较低的，但这也意味它未来的发展空间很大。在这种状况之下，美业该如何提升它的发展速度，拓宽市场空间，挖掘市场潜能，打造新的蓝海市场呢？

首先，直销行业和美容行业并行发展了 20 多年，实际上两者之间的关系并不是完全平行的状态，而是有结合的，因为美容化妆品是《直销管理条例》规定的六大直销产品品类之一，所以无论安利、无限极、完美还是一些中小型直销企业，它们的产品线上几乎都有美容化妆产品。尽管直销企业都有引入美容化妆产品，但与专业从事美业企业的美容化妆产品相比较，直销企业对美容产品的研究，以及供应链的建设相对还是粗放的。当然也不乏一些直销企业做得很好，这些直销企业有自己的自主知识产权以及强大的研发力量。但绝大多数直销企业，他们的产品供应链体系、生产科研体系，还没有达到专业美容精细化的高度。

第二，我看到目前很多美业的从业人员通过不同的方式参与到了直销行业的运作中来，比如兼职。他们一方面继续在美容院店从事工作，另一方面也依托他们的顾客资源，加盟某个直销企业，从而兼职从事直销事业。可以说，近几年来两个行业在人员上的互动非常强。

第三，同时我也能看到一些专业的美容机构，通过申请直销牌照转型直销。他们依托传统的会员式营销与直销相结合的方式，让自己的直销平台发展得非常快。所以在整个中国直销行业，以美容化妆品为主体，业绩达到百亿级的企业也是存在的，而且他们其中一些企业，就是由美业快速转型而来。

尽管美业与直销已经有了一定的结合，但目前两者的结合还处于初级阶段，那么未来两者该如何有效地深入融合呢？

第一，美业通过 20 多年的发展，沉淀了一批优秀的产品，且有自己完整的产业链，而整个直销行业里的大部分企业都有美容化妆产品，但相对美业而言，还是比较粗放的。所以美业类企业与直销类企业可以在产品打造上，以及供应链建设上做一个良性的互动，

进行深度合作，联合打造出品质一流、功能显著且具有全球竞争力
的优秀美容化妆产品。

　　所有营销从战略上讲无非就是差异化战略，这也是其最核心的
竞争要素，美容行业通过二十几年在专业线上的打拼，如果将它的
科技成果以及生产检测系统引入直销，必定能让直销企业的美容化
妆产品更上一层楼，展现出更精准、更高水平的制造品质。同时也
提升了整个直销行业的产品竞争力。当然在两者的合作之中，双方
要建立共创、共享、共赢的利益机制，明确这种合作的责任体系。

　　第二是在人才上合作。近些年以来，美容行业培养了一批专业
的营销人员。他们具备成熟的会议组织与活动策划能力，以及对产
品的展示能力。此外，他们还具备投资思维，对整个美业又有足够
的认识，也积累了丰富的一线实践经验。当这样一批人进入到直销
行业以后，会重构直销业务体系，将专业水平、思维模式、工作激
情注入到直销事业当中，也意味着他们能很快成为直销业务的黑马
型团队。有案例显示，曾经有一批由美容行业转型而来的直销团队，
用半年的时间就已将团队业绩打造得很好。所以美业与直销的结合，

能让这样一批人成就另外一番精彩。

第三，在美业发展的过程中，特别是一些知名连锁平台，他们拥有丰富的终端消费者数据资源，具有很好的开发潜力和产品服务价值。从一般逻辑上来讲，这些终端顾客既然能在"美"的追求上投入消费，那么在自己和家人的健康、养生方面，他们会更愿意投入。对美业来讲，可以由单纯的美容化妆品消费延伸到健康、养生产品的消费，由单纯的个人消费延展到家庭消费，由此来拓展销售渠道。所以这种基于客户数据来进行市场开发的方法，无疑将成就一个崭新的蓝海市场。

第四，营销模式上的结合。今天，美容行业也面临着营销创新的需求。直销同样也面临着微商、电商以及新零售等一系列新商业业态的挑战。所以在共同的新消费时代，营销业态整合的时代，美业和直销可以在营销模式上做互补式的结合。美业可以吸纳直销倍增的商业优势。直销也可以吸纳美容行业的专业服务以及有价值的人才资源体系。两者联合起来作业，便可以达成一个新的合作体系。

当美业自身不具备独立打造直销平台的时候，可以选择和直销企业合作，通过人才资源、专业的服务场所、管理资源、产品和产业资源的重组，来共同探索直销的全新运作方式，打造在直销平台上的合作事业部、美容事业部。当成千上万个小规模的美容平台形成局部联合，或者形成大规模的联合后再与直销行业中品牌性企业加以对接，那么它的资源价值、市场能量一定会被完整地释放。这样既给美业的发展打造了新的天空，也给直销行业的发展也注入了全新的扩张力量。

随着中国共享经济时代的到来，无论是直销行业，还是美容行业，甚至会销行业，一定要具有开拓性视野以及跨界合作的理念，通过合作来实现资源共享、平台共享、人才共享、营销的优势共享，只有在共创、共享的机制之下，行业彼此才能创造共赢的新格局。

直销牌照突破百张，是否会给行业带来重大影响

自 2005 年直销两个《条例》出台后，中国直销行业的发展就步入了法制化轨道。而近几年，随着社会的不断进步，人们对直销的不断认可，向商务部提交直销经营许可申请的企业也越来越多。截至 2017 年 12 月，商务部直销行业信息管理系统网站已经公示了 89 家获牌直销企业。

这几年，伴随着国家对直销行业监管力度的逐年增强，行业发展的大环境也逐年明朗，企业运作愈加规范。商务部在审批牌照方面也较前些年有了提速，尤其是 2015 年、2016 年，直销牌照的发放速度明显加快。尽管 2017 年后半年直销牌照的发放工作有些停滞，

但我想过不了多久，直销牌照的审批、发放将会走上全面正常的状态，也许 2018 年，我们就能看到百家直销企业的繁荣景象。

在走访企业的过程中，有很多业界的朋友针对牌照的发放速度与数量及未来行业的发展向我提出一些问题。如，直销牌照何时会突破一百张？如果获牌企业达到一百多家，中国直销行业是否会洗牌？是否会加剧行业的竞争？整个直销行业是否会逐渐地进入红海市场？我觉得能够提出这些问题的朋友，对于行业市场竞争以及行业规模的变化都具有非常高的敏感度。

行业竞争始终存在

关于行业竞争问题，我认为是一直存在的，主要表现在以下两个方面。

第一个方面，是直销企业间的竞争。为什么有的企业业绩能够破百亿，破两百亿，而有的企业经营了十多年业绩却还在一二十亿之间徘徊？归根结底是竞争所致。而企业所打造的推动直销业务发展的各项要素，文化、管理、产品、人才、服务、物流、外事环境等因素都是影响企业竞争力的重要方面。如果这些方面工作做得好，直销企业就能在市场竞争中获得更大的优势，发展速度更快，业绩更高。所以，我认为企业发展速度不同的背后，隐藏的是一种企业优势要素的打造和竞争。

第二个方面，是直销行业与其他商业业态的竞争。这两者之间的竞争，其实从直销诞生的那一天就一直存在，比如从事化妆品销售的直销企业与传统化妆品销售企业间的竞争，做保健产品销售的直销企业与直接面向消费终端的会销企业间的竞争，从事日化产品研发销售的直销企业与传统日化线企业间的竞争。行业内外间的竞争始终存在，所以我认为大家没有必要将更多的精力聚焦在直销行业中一直存在的竞争上面。一种营销方式之所以能够存在、发展并且具备百年的生命力，关键不是关注它所面临的竞争问题，而是要关注如何打造这种营销方式的差异化竞争力问题。

牌照破百并不会对目前直销行业产生大的影响

基于行业竞争这一基本问题的思考，我认为直销牌照突破一百张并不会对行业目前的格局产生大的影响。因为中国的直销市场足够大，其市场的增长潜力与发展空间也足够大，特别是近几年国家对于大健康产业的不断推动也在一定程度上促进了行业的发展。同时，我们也不难发现，近几年，人们对于生活品质的追求在不断提高，大家对健康、美丽的消费和投资也在不断增长。这种种现象都决定着直销未来都将会有一个好的发展，所以直销牌照破百并不会对行业造成多大的影响。对此，我做了如下四点具体分析。

第一，从直销市场容量和目前直销企业的数量对比来看。2015年，我受马来西亚直销企业长青公司的邀请，到马来西亚去参观他的全球总部，并考察他们在马来西亚的产品研发、生产机构。参观期间，长青公司邀请了马来西亚直销协会会长与大家交流两国的直销发展情况。在与马来西亚直销协会会长的交流中我了解到马来西亚对于直销企业管理实行备案制，当时备案的直销企业大概是700至800家左右。如果按照企业的经营状况划分可以分为三类，第一类是处于良性经营状态，年度销售业绩在数十亿人民币水平的直销企业，占总量的20%，约150家；第二类是维持现有经营状况但很难有发展规模，年度销售业绩在几个亿人民币的直销企业，占总量的60%；第三类则是经营状况不善，问题频出的直销企业，占总量的20%左右。

我将马来西亚与中国的基本情况做了一个比较：马来西亚的固定人口为2700万人左右，加上流动人口，总数大概在3000万人，国土面积是33万平方公里。其人口数约是中国的1/40，国土面积约是中国的1/30。而马来西亚的备案直销企业数量将近800家，如果我们按照较低的30倍做基数来推算，中国能够容纳的直销企业数量则可达24000家左右。当然，这种推算难免会有误差或者不那么科学，但我们就算在这个基础上再缩减10倍，中国市场也可以容纳约2000家直销企业。

此外，我还举一个例子。中国直销行业有一家在食用菌产业做得非常优秀的公司——江苏安惠生物科技有限公司，它的董事长陈惠先生是一位非常卓越的企业家。他为了开发国际市场亲自考察北美洲、东南亚等地市场，他在考察过美国直销企业比较集中城市——盐湖城后告诉我，城中有一整条街道全部是直销企业的管理总部。管中窥豹，可见一斑，美国作为直销行业的发源地，其数量一定更多。那么相比中国市场，我们的直销牌照过百完全不会对直销行业现今的市场格局、经营格局造成影响，也不会形成很多行业中人所担忧的饱和状态和红海竞争格局。

第二，通过直销模式运作的企业众多。截至目前，商务部颁发直销牌照的企业达 89 家，商务部申牌受理公示的企业达 40 余家，当然还有很多没有牌照也没有申请直销牌照的企业都在大规模地以直销方式开展营销业务，成为"隐形"的类直销企业，此类企业数量众多，据我估计不会低于几千家。所以，实际上目前中国直销的整体市场所承载的直销企业数量，远远超过一百家，甚至远远不止一千家，可能已经达到几千家数量。

所以，从目前中国直销市场的承载量来看，当未来中国的获牌直销企业突破一百家时，又怎会引起直销格局大的变化呢？当然也不排除会有一些改变，比如直销法律是否会调整，调整之后企业该如何更加规范地运作，市场该如何有序地调整，那些"隐形"直销企业是否需要大的改革等等。对于这些"隐形"企业未来的生存和发展空间，我认为都会相应缩减，一是政策监管力度日益加强，二是公众对于直销行业的认可度在不断提高，导致消费者和直销从业者对于直销企业的资质要求不断提高，这种对于法律层面的资质要求和信任程度也让"隐形"直销企业逐步失去了生存的土壤。

所以，现在中国的直销企业90家也好，上百家也好，几千家也罢，终究还是大家共同来推进中国直销市场的繁荣发展，并非耸人听闻的刀光剑影、红海之争。

第三，中国经济发展情况以及国家战略变化的趋势大好。2014年中国国内生产总值达到63.6万亿多元，按汇率折算，已经迈上10万亿美元的大台阶，占世界经济份额13.3%，一年增量相当于一个中等发达国家的经济总量。那么这种增长对于整个中国各行各业都将创造一个巨大的市场增量，对于直销行业来说增加几十家企业与这样巨大的市场增量相比就是九牛一毛。

2016年中国大健康产业得到了快速发展，《"健康中国2030"规划纲要》发布实施，产业规模快速增长达到3.2万亿元，技术创新不断深入，资本投资十分活跃。随着经济的发展，消费观念的转变，技术创新及应用更加广泛及深入，政策红利持续释放，科技与传统健康产业跨界融合，产业结构持续优化，推动大健康产业进入快速发展阶段。

此外，"一带一路"倡议下的中国企业全球化跨越，为中国直销企业走出国门，开拓海外新兴市场提供了巨大的助力。如今在健康中国战略的支撑下，在国家"一带一路"倡议引领下，一个无比庞大的大健康产业正在孕育。国务院印发的《"健康中国 2030"规划纲要》中指出，到 2020 年，健康服务业总规模将超过 8 万亿元人民币，到 2030 年将达到 16 万亿。按照直销行业发展历史和主打业务来看，健康产业的市场开发是直销行业的主阵地，所以健康产业的蓬勃发展将是中国直销行业崛起的绝佳机遇，即使获牌直销企业破百甚至更多，也绝不会在市场中形成红海竞争。

第四，党的十九大报告指出：中国特色社会主义进入了新时代，我国社会主要矛盾已经转化为人民日益增长的美好生活需要和不平衡不充分的发展之间的矛盾。社会主要矛盾的变化是关系全局的历史性变化，要求我们在继续推动发展的基础上大力提升发展质量和效益，更好满足人民日益增长的美好生活需要。

从不同时期的社会主要矛盾可以看出，矛盾的一方一直立足于人民的需要，其本质是需求；矛盾的另一方，无论是落后的社会生产，还是不平衡不充分的发展，其本质都是供给。美好生活是什么？我想是充满幸福感的生活，是健康的生活，所以能够满足人们对美好生活需求的事业就是可以建功立业的事业。十九大报告所提出的社会主要矛盾的变化确立我们经济发展方向的新概念，是社会发展方向的纲领性文件，它所彰显出的未来经济发展的力量是不可撼动的。

在这种新时期的巨大机遇中，推动中国经济新增长的聚焦点是非常清晰的，同时美好生活的需求和直销行业之间也是可以找到有效链接的。因此，在人们日益增长的美好生活需要和不平衡不充分的发展之间的矛盾背景下，直销行业作为健康产业中的一支重要力量，增加一些企业数量，根本不会对整个行业的格局造成大的影响。

综上所述，我个人认为直销牌照破百不会对整个行业造成大的影响。当然，正如前文所讲，直销行业的竞争是始终存在的，即使未来面对着数以千亿、万亿计的蓝海市场，直销企业如果不打造自己的核心竞争力优势，不能有效管控企业的运营成本，不能通过科学专业化的方式管理企业，依然会在巨大的蓝海市场中被淘汰，这种优胜劣汰式的竞争与直销牌照的增加是没有关系的。

所以在国家以更快的速度推进社会变革的环境下，新一轮面向直销行业的市场蓝海正在逐步形成。在这个过程中，企业要有"打铁还需自身硬"的意识，企业要在创新、管理及精准的市场分析等方面持续下功夫，我认为企业自身实力的优势差异将会是未来影响市场变化的主要因素。在这个发展过程中，未来十年，或许在中国直销行业也会出现千亿级的企业。但如果企业缺少这种认知，在商业模式设计中缺乏基本功的夯实，缺少厚积薄发的实力，那么原本发展不错的企业也会在历史浪潮中逐渐地被淘汰。

最后，我再次陈述我的观点，从目前中国直销行业的发展状况以及直销市场的竞争情况来看，直销牌照突破百张，甚至更多一点，不会对行业发展产生大的影响，诸位直销人不必杞人忧天。苦练内功，夯实基础，提升自我才是当务之急。

直销与微商、电商等新业态融合的影响

随着互联网技术的广泛应用，我们的生活也随之被改变，特别是以电商、微商为代表的商业业态的出现，真正让人们实现了足不出户便可买到生活所需要的各种商品。而直销作为一种有别于电商、微商的商业模式，也在积极探索互联网下的新业态的融合。比如三生公司的有享网，绿叶公司的绿叶商城，都是直销在互联网模式下与电商和微商结合的有力探索。

在这种新的营销模式不断与传统直销模式进行有序结合的状态下，中国直销行业必将迎来变革与创新，而这种变革与创新也将有效推动直销行业的发展。

满足消费者多元化需求

虽然如今社会上存在着各种各样的商业业态，但它们彼此之间并不是相互独立的，而是呈现出一种相互交叉的态势。在这种趋势下，未来的中国直销也将不断融合新的营销理念。

不可否认，无论是直销、电商还是微商的商业业态和营销方式在形式上有多么的不同，最终目的都是为了满足消费者的多元化价值需求，提升消费者对于产品和服务体验的需求，让消费者享受到物美价廉的产品和服务，亦或让消费者体验到足不出户就能够快捷、便利地实现消费行为。因此，电商、微商具有能够满足人们对于便捷消费的需求，跨越时间、空间的局限性，这是电商、微商的核心功能。而直销这种营销方式，则是通过面对面的分享来促成交易，这种营销模式更能加强客户的信任感，这也是其他营销模式所不具备的优势。

所以不管是电商、微商，还是直销，都是在以不同的方式来满足消费者单一领域或者是组合领域里面的多元化的价值需求。因此，直销未来一个重要的发展理念，就是以全面推动并满足消费者多元化价值需求为核心。

在过去相当长的一段时间里，大部分直销企业大都把末端聚焦在经销商层面，在阶段性投入回报体系上做文章，从而形成由经销商为龙头的驱动体系。而未来是直销与微商、电商融合的时代，在进行创新发展的同时，更要不断拓展满足消费者多元化价值需求的深度和宽度。

所以，直销行业随着微商、电商等核心要素的融入，使多元化满足消费者核心需求成为可能。而这一现状将形成直销发展新理念，比如由经销商的价值驱动转为消费者价值驱动和经销商价值驱动的双轮运行新理念系统。

线上线下有效结合

在融入了电商与微商元素之后，直销也实现了融合式创新，平台的优势更加凸显。一方面线下有公司的管理运营部、服务网点以及销售店铺和体验中心作为支撑，将为消费者提供更加全面的线下消费服务体系。

另一方面，围绕满足消费者多元化需求的目的，直销企业还要打造新的线上平台，比如远程产品信息的展示和远程购物订单的处理等。这其中就包括在线支付系统、在线客服体系、物流体系等方面的导入。

所以，随着多种业态的融合，未来的中国直销将会是多种元素的融合，包括线上线下平台通过多种技术与形式实现有效融合。线上线下的有效融合，不仅能够满足消费者多元化价值需求，同时也可以为直销企业提供新的发展思路，从而实现企业的转型。

装备新技术

随着新营销业态的整合融入，未来中国直销将会发展成为一个依托新技术打造的平台。这种新技术包括互联网技术、移动互联技术、云计算技术、大数据技术、现代物流技术等。在这些新技术的支持下，将促使中国直销行业发展的"装备"不断进行迭代和升级，这将会使它更具竞争力和时代感。同时，这些技术的运用会把不同商业业态的核心元素带到中国直销行业中，形成优势互补，促进中国直销行业更好更快地发展。

所以，在未来中国直销发展的过程中，新技术的运用使直销的运营更加有效率，这也将对直销满足消费者多元化价值的需求起到促进作用，成为中国直销模式创新的一道靓丽风景线。

实现跨界融合

在如今商业竞争不断加剧的情况下，跨界与融合成了商业业态发展的关键词。我们已经看到实体商业通过跨界混搭经营寻求合作和创新，从而带来更好的消费体验。在这样的趋势下，直销同样需要跨界来完成商业模式的自我升级。这种跨界，首先表现在对于新营销业态核心优势的吸取，然后融入到直销模式的技术更新和升级当中。

直销与电商、微商之间的跨界融合就只是其中之一。未来中国直销还将实现与更多产业、行业之间的跨界合作。比如未来中国直销与美业的跨界合作，以及与其他相关行业的跨界合作等。这种产业的跨界，将形成资源共享下新的中国直销模式。

所以，未来的中国直销行业将会是一个实现跨界融合的行业。

这种跨界融合既包括对其他商业业态优势的融合，也包括对其他产业的融合。这种融合将会使中国直销的发展呈现一个崭新的面貌，不断涌现出新思路、新局面、新景象。

实现大数据化

一家直销企业在发展中的技能除了生产、管理、营销经验等方方面面的积累之外，更重要的是数据资源的积累。这种数据资源的积累包括多个方面。

第一个方面是终端消费者数据的积累。在几年甚至上十年的发展过程中，每一家直销企业都云集了大量的客户数据，也就是终端消费者的各种数据体系。这个数据体系在过去由于缺乏有意识地聚焦和运用，它的数据信息并不完整，相对简单粗放。但是随着多种新营销业态的结合，随着中国直销行业的发展，未来对数据的经营和打造，以及对于数据价值的挖掘和重新梳理将会成为很多直销企业的工作重点。

第二个方面，一家直销企业的发展过程，也是一个累积与自身合作的经销商数据的过程，这个数据累计起来可以几千、几万，甚至几十万。未来，直销企业在合作过程中可以精准地去梳理这些直销从业人员的信息，挖掘直销从业人员信息价值背后的市场。这种由合作而延伸出来的价值信息，也将会成为直销企业未来发展中一项很重要的工作。

终端消费者数据和从业者数据是直销企业最为宝贵的无形资产。除了这两方面的数据，直销企业的数据资源还包括管理者和其他相关利益者的数据，也应当进行妥当的梳理。

从目前情况来看，很多直销企业都在数据梳理方面做出了大胆尝试。比如一些直销企业通过基因技术的运用，对消费者和从业者数据进行梳理分析，建立了一定的数据库体系，将它用于产品开发、客户维护、精准的产品信息输送等方面。这实际上就是一个对数据进行整理、分析并从中挖掘价值的过程。未来，不论是以健康管理、中医养生、全面的营养提升还是以其他方面的内容去开发市场，数据的积累、梳理、挖掘，以及最后的维护都是十分必要的，这样的流程也将会是中国直销一个很重要的发展方向。

实现专业化作战

专业的人干专业的事是未来直销行业发展的必然趋势。现代战争靠的不是冷兵器时代的拼人数，而是各种现代化装备之下少而精的精锐部队。取胜的关键就在于作战部队的专业素养、高科技的装备和现代化、立体作战的方式。这对于中国直销的发展来说同样如此。

随着各种营销业态的融合，中国直销未来的发展方向一定是向着全新的知识、全新的技术、全新的思维、全新的理念发展，这样武装起来的新时代职业战队才会更具战斗力。所有直销企业应当通过这种方式来打造直销发展路径，推动中国直销的发展。

外资企业进入中国直销市场的正确路径

中国直销行业二十多年的发展历史证明，中国直销行业是一个开放的行业，无论是外资直销企业还是内资直销企业都能和谐共生，共同发展。近年来，随着中国直销行业的快速发展，让众多企业纷纷转型直销行业，以谋求新的发展出路。当然，也包括一些外资企业希冀掘金中国直销市场。

在众多希望进入中国直销市场的外资企业当中，有一些外资企业通过长时间的努力获得了商务部颁发的直销经营许可证，依法在中国开展直销业务。还有一些直销企业采取了一种投机取巧行为，把总部放在香港或者是澳门特别行政区，将其作为桥头堡，然后把业务辐射到中国内地市场。但这种"偷渡"模式，实际上是一种非常危险的做法。

之所以这样说是因为在 2005 年国家颁布实施的《直销管理条例》和《禁止传销条例》中明确指出，只有经过中华人民共和国商务部批准取得了直销经营许可证的企业，才有资格在中国开展直销业务。而且在开展直销业务时要在指定的区域，销售获得批准的产品，并采用已备案的分配计划。而那些采取"偷渡"模式的外资企业，在没有获得直销经营许可证之前就开始在中国开展直销业务，显然违背了两个《条例》，是一种非法的行为。同时，这种模式在实际运作过程当中，可能还会掺杂着走私、偷渡、偷税漏税等行为。

所以，把桥头堡设定在香港或者澳门，然后把业务延伸到中国内地市场的做法是违法的，这种运作模式是不受法律保护的，也不能被行业所认可。

"偷渡"原因何在

事实上，早在十多年前就已经有不少企业采用这种"偷渡"模式进入中国直销市场，比如立新世纪。但需要说明的是，当时两个《条例》还没有出台，中国直销行业还没有走上法制化道路，依然处于一种野蛮发展的状态。所以，一些外资直销企业采用这种模式进入中国直销市场有一定历史原因所在。但如今的中国直销行业，早已走上法制化发展道路，开放之门已经完全打开，进入中国直销行业的标准和流程也十分清晰。在这样一种情况下，那些外资企业依然采取这种"偷渡"模式进入中国直销市场，显然是有意而为之，是不能被理解和接受的。

既然如此，为什么还有一些企业在这么做？他们的动机是什么？我认为，无非是出于以下几种原因。

第一，自身实力有问题。申请成为直销企业，根据《直销管理条例》的规定，需要具备以下条件：1. 投资者具有良好的商业信誉，在提出申请前连续 5 年没有重大违法经营记录；外国投资者还应当有 3 年以上在中国境外从事直销活动的经验；2. 实缴注册资本不低于人民币 8000 万元；2. 依照条例规定在指定银行足额缴纳了保证金；4. 依照规定建立了信息报备和披露制度。

所以，外资企业要想进入中国直销市场，在资金实力、企业的综合资质以及在国际市场上的经验和履历都有一定的要求。如果达不到这些方面的要求，外资企业就不能获得直销经营许可证，自然也就不能在中国开展直销业务。但是，这些企业觊觎中国大陆蓬勃成长的直销市场，就算冒着违法风险，也要通过这种不正当的方式来渗透直销业务。

第二，这些外资企业对于中国法律政策、中国直销环境还存有一定疑虑，想通过进一步观察来决定下一步的动作。而采取这种模式，企业便可以做到"进可攻，退可守"，即使遇到风险也有很大的回旋余地。

第三，这些企业之所以采取这样一种"偷渡"型的运营模式，就是为了逃避相关部门的监管，逃避税收，逃避应该承担的企业责任，不愿意把企业资产投入中国市场。

不管是出于哪一种情况，随着中国相关政府部门对于直销管理力度的加强，这一类外资企业在中国大陆市场的生存空间会越来越小。如果不按照中国的直销政策、法律法规来调整战略，这些外资企业在中国直销市场的发展前景是岌岌可危的。

从某种层面上讲，采用这种方式的外资企业的掌控者，内心是十分矛盾的。一方面是看到中国直销市场的总量不断攀升，一方面是看到已经进入中国直销市场的外资直销企业取得了巨大成功，如安利、玫琳凯、康宝莱等，对他们造成一种深深的刺激。再加上中国消费的转型，人们对于健康和美好生活的追求以及《"健康中国2030"规划纲要》等一系列国家相关战略的影响，都让他们看到中国直销行业未来广阔的发展空间。所以这部分外资企业不愿意放弃中国市场，但又不愿意付出进入中国直销市场所需要的投入。因此就形成了这样一种奇怪的状况，把总部设在香港、澳门特别行政区，然后通过业务员的运作，或者在新技术支撑之下依托全球购的方式进入中国大陆市场。

进入中国直销市场之前的认知

外资企业进入中国直销市场一定要采取正规、合法的途径，否则将会影响日后的发展。但在进入中国直销市场之前，企业要对自身和外部环境有充分认知。这种认知应包括以下四方面内容。

第一，要对如今中国直销的政策、法律、作业环境有全面的认知，并建立自己的信任及保障体系。自 2005 年《直销管理条例》和《禁止传销条例》及其相关的一系列法规出台以后，中国直销行业实际上已经进入了法制化发展的时期，外资企业在中国大陆市场开展直销业务是有法律保障的，完全没有必要采取偷偷摸摸的形式。而且随着一系列国家相关战略和政策的实施，中国直销行业将迎来前所未有的发展机遇，行业的发展环境会越来越好，发展前景也会越来越宽广，外资企业应给予中国直销市场十足的信心。

第二，要对外资企业在中国直销市场的发展规律、所采取的发展路径有充分的认知。通过在中国投资建立生产基地，并按照两个《条例》申请直销经营许可证的外资企业，不管进入的时间是先还是后，都在中国直销市场获得了很好的投资回报，有的甚至成为中国直销行业中的佼佼者，比如安利、完美、康宝莱等。这就证明，取得直销经营许可证并依法开展直销业务才是外资企业进入中国市场的坦荡之途。相反，那些通过"偷渡"型业务模式进入中国大陆市场的企业，有的虽然可以红极一时并拥有不错的业绩，但当中国直销监管的利剑横扫到这些企业的时候，很可能就会在一夜之间凋零，甚至被驱逐出中国直销市场，这在中国直销发展历史上是有先例的。

第三，要对自身的需求有深度的认知。到底是要持久、深度、稳健、合法地开发中国市场并从中获得回报，还是投机性、短期性地去开发中国市场？这需要那些外资企业在决定进入中国直销市场之前明确自己的终极需求。如果是前者，就要依法去申请直销经营许可证并开展直销业务，这样才能保证自己在中国直销市场上站稳脚跟，稳步向前发展。但如果是后者，也从侧面反映出企业缺乏明确的发展规划，即便是进入中国直销市场也难以有良好的发展。而随着相关政府部门对直销的监管越来越严格，抱着这样侥幸心理的企业还是应当趁早打消进入中国直销市场的念头。

第四，要对行业里面的榜样企业有足够的认知。全球直销巨头安利、康宝莱等企业在中国开发和建设直销市场的过程中，通过不断地扩大生产、科研和市场规模，既为中国经济建设做出了杰出贡献，自身也获得了稳健的业绩增长。那些想进入中国直销市场的外资企业应该将这些企业作为榜样，深入研究和分析他们的发展之路，并从中找到自己进入中国直销市场的合理、正确路径。

只有对以上四个方面内容有了充分的认知之后，外资企业才能规划自己进入中国直销市场的路径。同时，外资企业切忌在有清晰的认知之前就轻举妄动，否则受到的打击将会是沉重的，付出的代价也将会是巨大的。

路径的设计与选择

外资企业进入中国直销市场之前，一定要对自身的发展有一个清晰的规划。一条适合自身发展的路径，将会为企业的发展带来助力。反之，将会是道路曲折，困难重重。而外资企业进入中国直销市场的路径，总体来说有以下两条。

第一条道路，自主打造一个直销平台。这条路径就是按照《直销管理条例》和《禁止传销条例》的要求，向商务部申请直销经营许可证，合法开展直销业务。同时，在获得直销经营许可证之后，还要进行生产基地的投资和建设，进行产品的研发。此外，还要引进专业的管理人才，完善组织架构，制定市场开发的完整规划，聚集各方资源，打造优质的平台。只有这样，才能有序地、一步一个脚印地开展直销业务。而且，通过这种方式建立起来的市场才是稳固的，有着广阔的发展空间。在开展直销业务时，还要结合中国的国情不断地创新发展战略与策略，拉升在中国的直销业务规模，提升自己在行业内的影响力。

第二条道路，选择与内资直销企业合作。如果外资企业觉得暂时不具备进入中国直销市场的条件，但是又不愿意放弃中国直销市场，就可以采取这种合作的方式。用优质的产品资源、人才资源、管理经验、科研资源等，与取得直销经营许可证的、有良好品牌和运作模式的内资直销企业进行战略性的合作。通过这样的合作，外资企业可以借助内资直销企业的平台和直销员队伍，把自己的产品、服务、科研力量带到中国，带给更多的消费者。同时，通过二者之间建立的合作关系，外资企业同样可以在产品研发、企业文化、服务等方面借鉴内资直销企业的优势之处，以更好地适应中国国情。这样可以为外资企业赢得充分的准备时间，等条件成熟以后，就可以建立和打造自己在中国的合法直销平台，并全面梳理和优化在中国的直销业务。

这两种方式都是可以有效推进外资企业开拓中国直销业务的路径，至于选择哪一条路径，就要根据自己的实际情况来决定。

中国是一个法制化国家，中国直销行业的监管也越来越严格，这就要求那些外资企业在进入中国直销市场时，一定要走正规合法的道路。同时，在正式进入中国直销市场之后，还要规范自己的运作。而那些歪门邪道的发展模式，必定不能被中国政府所容忍，不能被中国直销行业所包容，也不能被数以万计的直销人所接受。

阻碍直销行业发展的问题及突破方法

还记得数月前，"善心汇"事件引起了社会的极大震动，甚嚣尘上的非法集资、非法传销等恶性事件成为社会舆论的热门话题。由于公众对直销和传销的区分不明，类似事件也给正规、合法的直销企业蒙上了一层阴影。

当时，我积极组织海畴集团的专家团队就目前直销行业的现状进行思考、总结，并在"善心汇"事件造成的舆论影响中发出直销行业自己的声音，一系列针砭时弊的文章在有关媒体刊发。例如我所作的《直销企业应坚守直销的本质》，中国市场学会直销专家委员会副秘书长龙赞博士所作的《直销行业应当联合反制网络传销》，资深企业与媒体关系研究专家吴培伦先生所作《让金融传销成为过街老鼠》等，从不同方面探讨了面对外部环境影响，直销行业应当自律经营并对"挂羊头，卖狗肉"打着直销旗号的传销组织坚决抵制。

当然，直销行业在发展中一方面受外部因素的干扰，导致在公众形象建立方面未能形成良好的效果。另一方面，行业在自身建设上也存在一些问题，比如直销法律的完善方面、行业秩序的构建方面、行业的创新升级方面等，这些都在一定程度上影响了直销行业健康、稳健的发展。

目前行业发展面临的问题

一、行业的法律变革问题

2005 年，《直销管理条例》和《禁止传销条例》正式出台。这是在特定的历史时期、特定的发展背景下衍生出来的两个法律文件，使直销行业的规范治理有了基本的依据标准。

通过 12 年的行业实践，我们可以清晰地看到，当时立法的初衷和一些预设的目标在很大程度上都得以实现。但如今随着直销行业的不断进步与发展，这些政策法律也出现了一些影响和制约行业发展的状况。

第一，对直销和传销精准的界定，尤其是对多层次直销的多层次架构体系的判断，还存在着界定概念的模糊；

第二，在直销的跨区域经营和审批体制上，还存在着一些漏洞；

第三，在直销产品的审批体制上，还有一些不规范的流程；

第四，对于直销准入的门槛，也并不十分明确；

第五，在直销服务网点的建设上也要多做一些考虑。现在移动互联网催生出了各种新生的商业业态，那么服务网点应该如何布点？如何去管理？如何去发挥它的价值，这些问题都需要有全新的探讨和研究。

如今随着行业的发展，直销两个《条例》中的一些条款，已经成为很多直销企业快速发展和规模扩张的一种制约，使一些直销企业经常陷在直销原罪的尴尬状态中，在一定程度上影响了行业的发展。

直销行业在未来想要更加健康有序地发展，我认为在法律层面上也需要加以推动，两个《条例》应根据现有行业发展现状与规律适当修正和调整。

二、行业的秩序和管理问题

今天的中国直销行业，走过了法制化历程的 12 年，也走过了中国直销发展的 27 年，但就目前的行业状况看，其发展秩序依然有些不尽人意，主要表现在以下几个方面：

第一，直销和传销裹挟前行的状态，导致外界看到直销行业多少会有一些偏见，而传销、非法集资等投机谋取暴利的行为，也在一定程度上扰乱了正常的行业发展秩序；

第二，直销企业之间的恶意或非正当竞争导致了行业秩序的混乱；

第三，部分直销从业者投机取巧的各种行为也导致了行业秩序的混乱；

第四，一些直销投资者由于对直销的运作规律没有成熟的系统把握和了解，盲目追求业绩，以至于在公司发展战略的制定上有些冒进，也是导致行业秩序混乱的一个原因。

行业秩序混乱，必然会带来传销鱼目混珠式的干扰，必然会导致国家监管力度的加强，也必然会给修法带来一定的制约。所以我觉得今天的中国直销行业，确实有着影响它发展的巨大瓶颈，那就是行业秩序的建设。

三、行业的公众形象建设问题

虽然直销在中国发展了二十多年，现在大部分拿牌企业都是在规范健康运作，但是很多人依旧"谈直色变"，直销的公众形象依旧不尽如人意。我认为这与人们对直销与传销的认知不充分有着很大的关系，这也导致人们将直销与传销混为一谈，"乱""投机""欺诈不诚信"等负面词汇成为行业公众形象的标签，这些标签时时刻刻在制约着行业的健康发展。尽管在社会公众认知方面的传播推广和行业的形象建设上，整个行业都在不断努力，但还是深受非法集资、传销等的影响。所以我认为，我们行业的正规企业一定要联合起来杜绝非法集资、杜绝一切违法行为，让行业早日树立起积极健康的行业形象。

四、行业的发展创新问题

创新是一个企业发展的不竭动力，直销行业在产品方面，国家只开放了六大类，也导致了行业同质化现象比较明显，所以创新成为其推动发展的一个重要因素。

不仅仅是行业本身的制约，随着网络新技术的不断发展与应用，新商业业态的不断涌现，一些直销企业在不断打造其竞争力和核心优势。但也有一些企业盲目追求业绩，缺乏产品创新、管理创新、文化创新、模式创新等，这些创新意识的缺失，无时无刻不在制约着直销行业的发展。

行业发展问题如何突破

一、多部门组织联合推动直销法律的变革

关于直销两个《条例》如何变革？我认为这需要联合主管部门、企业、各种职能组织等多方机构一起努力推动，进一步加快直销修法的进程。这需要基本的前提、基础的流程和完整的时间规划，所以直销修法并不是一朝一夕的事情。

但最重要的是，要先启动法律修改的程序，走上法律修改的轨道，认识到当今直销法律上的缺陷，或者普遍性的问题，以及对当今中国直销行业带来的困惑和制约。

所以我想从这个层面来讲，应该通过直销行业各个层面的共同努力，在深度调研的基础上来修正和完善直销的法律法规，最终通过有效的途径来达成修改直销法律的目标。

二、直销从业者要达成共识并完善自我

想要推动中国直销行业更好的发展，我认为必须要梳理好它的运行秩序，真正把中国直销行业推到法制轨道上去，让直销行业稳定、健康、有序地发展。

那么对于当下直销行业的现状，行业又该如何突破呢，我做了以下两点分析：

第一，直销从业者之间要有共识。"国家兴亡，匹夫有责。"行业的兴旺与每一个参与直销行业的企业、直销从业人员以及直销相关人员都有着密切联系，所以我们应该在直销行业里"扶正祛邪"，建立符合法律法规并永续发展的行业秩序。

第二，直销从业者应不断完善自身。行业的健康发展，不仅仅依靠政府部门的监管，还要大家自觉遵守行业发展规则，共同维护行业发展。我们身处行业，应该团结起来，让那些干扰直销运作的传销行为、金字塔行为、非法集资行为等成为"过街老鼠"，人人喊打。同时，我们广大直销从业者也应当自觉抵制各种投机取巧行为，坚决不参与投机行为，树立坚决的态度。我认为只有通过统一的认知，负责任的行动，多方面的助力，方可重构一个井然有序的行业发展格局。

三、积极传播行业正能量塑造良好公众形象

上文我有提到，现在直销行业的公众形象建设没有达到预期的效果，这也导致很多消费者、很多社会公众对直销的信任度不够。他们不信任这个行业，甚至质疑这个行业，那么在这种状态下，直销行业如何才能够建立起自己的良性土壤和环境呢？

今天是一个媒体资源高速发展的时代，尤其是近两年自媒体更是快速崛起，那么如何运用好这些平台来打造行业的良好公众形象呢？我认为我们全行业人都要有一种清晰的自我认知，不要封闭式的自我狂欢，而要清醒地看到未来路漫漫其修远。直销行业形象的打造，在今天也不是一朝一夕就能完成的，需要大家有这个共识，同时也要有危机感及群体意识。

有了这种认知以后，每一个企业、每一位直销人都要建立自己的责任体系，每一个责任主体也要全力以赴地去推动，用自身的力量真正去改变行业的公众形象，真正地通过行业公众形象的改变来为直销行业发展构建一个良好的绿色生态环境。

如果每个直销从业主体，每个责任主体都为行业奉献一点正能量的话，那么整个直销行业就会充满正能量。如果每个人都去传播这种正能量，那么行业的正能量就会走进更多公众的身边，我认为我们这个行业在这些方面要多突破、多寻找方式方法。

四、发展与时俱进，切勿墨守成规

    创新是直销行业一直关注的，但也很难完全突破的一个问题。今天我们面对的消费环境、支付环境以及全球化的互联互通环境早就改变了，所以我们行业也要匹配这种改变，在这样的大环境下找到我们的创新发展之路。在这里我想谈谈关于直销行业创新的几点思考。

    首先，我认为直销行业创新要与时俱进，不能墨守成规，应该通过产品创新、管理创新、文化创新、模式创新等方面，来打造自身的竞争力，重造直销行业的生命力。因为传统直销经过百年的发展，它本身也需要植入很多新时代的理念。

    其次，在社会大环境及行业的不断发展中，直销企业应当主动出击，不应该首鼠两端，一方面觉得新技术、新业态的竞争扑面而来，另一方面却在创新的道路上畏首畏尾，这种矛盾的心态必须要剔除。直销企业要正确地认识到直销行业的核心竞争力何在，直销商业模型的本质何在，然后用新的技术武装自己，用新的理念引导自己，用新的业态来丰富自己。我觉得这样我们整个行业才能够突破出去，

并将行业带向一个新的发展高度。未来，我也相信直销行业在中国

特色社会主义新时代的发展背景下，应该会拥有无限的蓝海和机遇。

企业篇

中国直销创新与繁荣的 22 把秘钥

The 22 keys of China direct selling innovation and prosperity

直销企业打造百亿业绩秘籍

随着社会经济的发展和人民生活水平的普遍提高，人类的生活方式正在逐渐改变，健康产品的总需求正在急剧增加。因此，以生物技术和生命科学为先导，涵盖医疗卫生、营养保健、健身休闲等健康服务功能的健康产业成为 21 世纪推动全球经济发展和社会进步的重要产业。

同时，随着国家建设全面小康社会步伐的不断迈进和居民健康意识的觉醒，我国健康产业将迎来高速发展期，在国民经济中的比重也将不断上升。

2016 年中共中央、国务院印发实施了《"健康中国 2030"规划纲要》，标志着我国对健康产业的开发有了纲领性的文件指导。作为未来 15 年推进健康中国建设的行动纲领，《"健康中国 2030"规划纲要》提出，2020 年，中国健康产业总规模将突破 8 万亿水平，到 2030 年更是要突破 16 万亿的规模。作为健康产业的主力军，直销行业的发展也必将呈现出快速上升的趋势，因此百亿业绩自然也就成为许多直销企业下一阶段发展的业绩目标。

然而直销企业的百亿业绩含金量也是有所差异的，有的企业达到百亿业绩规模是基于自身名副其实的企业实力，基于企业长久打造的稳固基础，这样的实力和基础能够支持企业在未来大健康时代保持企业的绿色发展和业绩的持续增长。而有的企业创造的百亿业绩却是有水分的，这种业绩自然不可能持续。直销企业真正需要的则是正理、正念、正型、正道之下的百亿业绩。

直销企业到底该如何打造百亿业绩呢？下面我将从五个方面详尽地梳理直销企业冲击百亿业绩的终极秘籍。

一、百亿业绩 认知为本

　　直销企业能否成功打造有含金量的百亿业绩，首先在于对直销行业是否有正确的认知。很多直销企业或者计划进入直销行业的传统企业都存在一种错误的认知，以为可以通过直销的方式实现"朝为田舍郎，暮登天子堂"的美好愿望。他们认为一旦运用直销的模式开展公司的营销事业，就能够使自己的企业"化腐朽为神奇"，使公司的业绩在短期内呈现十倍速度乃至百倍速度的增长。这些错误的认知导致这些企业忽略了打造百亿业绩所需的企业技术、人才、产品、市场、经验等因素的长期积累。

　　迄今为止，我已经观察、研究行业整整 25 个年头，在中国直销行业的动态发展过程中，我们会发现当今中国直销行业第一方队的企业，在实现百亿业绩的突破中都用了较长的积累时间。比如安利公司 1992 年前后进入中国市场，他完成百亿业绩用了 12 年左右的时间；完美公司在 1994 年前后进入中国，他达成百亿业绩用了大约 15 年的时间；无限极公司在去年和前年的业绩排行中两夺桂冠，但是他实现百亿业绩规模也用了 15 年左右的时间。而其他百亿级规模的直销企业也基本都历经了 10 年到 15 年的积淀。时间是任何事物成长都不可或缺的条件，对于直销企业的成长亦是如此，这是我们必须深刻认识到的直销企业发展规律。

实际上，我在为企业做咨询、诊断和顾问服务的过程中，通常会为企业设计三个五年规划的发展计划。第一个五年规划的作用是为企业打基础、建框架，使其完善自身的组织建设和人才建设；第二个五年规划的作用，是在企业精准定位的前提下，运用战略、战术推动企业市场规模的逐步扩张；第三个五年计划的作用，是使企业在前两个五年计划有序完成之后，实现质的飞跃和突破式的发展。而这种订制中长期发展规划的服务方式就是从中国直销行业第一方队，即业绩过百亿直企的发展历程求证出来的。中国有句老话叫"心急吃不了热豆腐"，企业想要实现百亿业绩规模也需要深刻认识到这一点，越是急于求成，到最后反而会落得"元嘉草草，封狼居胥，赢得仓皇北顾"的境地，造成业绩在一个区段内反复震荡停滞不前的结局。

说到底，直销就是一种营销方式，它只是在传统营销的基础上有所突破、有所创新、有所发展，并不具有"点石成金"的作用。

我们要清晰地认识到，直销企业百亿业绩的打造是一个长期的过程，

不是短期内就可以迅速达成的。如果有人说"我帮你的企业推动直销，

保证在一年之内企业业绩突破百亿"，那他绝对是忽悠人的，因为

百亿业绩的达成是一个厚积薄发的结果，需要多方助力，更需要时

间的积累。

二、百亿业绩 规划为纲

直销企业要达成百亿业绩目标需要有清晰的长期发展规划，上

文提到的处于中国直销行业第一方队的直销企业均有根据公司情况

量身打造的长期发展规划，甚至在已达成百亿业绩的直销企业中，

有的企业有着五十年或百年的发展谋划。一家企业一旦有了发展使

命，整个企业就有了存在的基础和为之奋斗的最高目标。长远的发

展规划可以帮助企业明确工作的方向、确定阶段性定位、设立阶段

性目标，并在未来有序地推进各项工作，包括架构企业的阶段性组

织形式，匹配好企业的人力资源等，最终建立形成围绕企业目标而

运行的全面保障系统。

但是有些中国民族企业的梦想很远大，在进入直销领域时怀着满腔激情，发出誓言要在几年时间内赶超国际上的一些百年直销企业。企业发展是一个科学前进的过程，绝不会凭借一句豪言壮语就可以打造出百亿业绩。而有些直销企业已经发展了十几年，但是始终都没有制定过公司的中长期发展规划，没有明确过企业的定位，没有清晰的企业发展战略，在文化建设、人才战略、管理架构以及资源配置方面也存在条理不清、目标缺失等问题。整个企业在十多年的发展中一直都呈现"一锅粥乱炖"的景象，导致企业业绩不理想，始终在低业绩水平徘徊。另外还有一些直销企业在战略的实施过程中不断摇摆，在模式上不断改弦易辙，缺乏战略规划和中长期发展目标，导致企业业绩呈现大起大落的态势。

万丈高楼平地起，对于一家企业来说，百亿业绩的实现需要有非常清晰的、切实可行的中长期发展规划作为指导，同时还必须要有明确的战略目标以及科学的手段作保障，这样才能使企业在自身良好的发展节奏中逐渐向百亿业绩目标冲击。但同时我也不建议企业制定的发展规划时间跨度过长，因为政治、经济以及行业和企业本身都在不断变化，时间跨度越长，影响企业发展的不确定因素就越多。

从直销行业的发展前景和目前直销市场的发展状况来看，直销企业要达成百亿业绩目标，并不是一个不可企及的梦想，也不是一个难以逾越的洪障，关键在于企业在发展的过程中有没有清晰的中长期发展战略规划作指引。如果企业在制定战略规划时参照体系不够，企业高度不够，完全可以借助外力来实现，比如与行业知名的咨询顾问机构联合打造适合企业自身的发展规划，进而成功打造百亿业绩。

三、百亿业绩 脚踏实地

直销企业要想成功打造百亿业绩还需要脚踏实地，厚积薄发。比如三生公司，在多年的发展中始终遵循稳健、务实、创新和与时俱进的发展规律。虽然三生公司目前业绩还不到百亿，但我通过对三生公司长期的观察，发现现在的三生公司正走在稳健、持续、绿色发展的轨道上。他向我们展示出了一家直销企业向好发展的基本内涵和外延，从他的发展轨迹来看，他的发展方向是对的，发展路子是正的，发展步伐是坚实的，这就是一种脚踏实地的发展模式。

要冲击百亿业绩，直销企业需要脚踏实地去做哪些事呢？第一，需要努力推进企业平台建设。企业平台是企业和直销从业者合作的基础，在公司的合法性、制造硬件、服务硬件、活动硬件等方面都需要企业扎扎实实地打造；第二，公司需要努力打造好自身的软件系统。比如人才系统、管理系统、科研能力、产品研发能力、新科技工具和装备运用以及数据库技术、信息分析系统等软实力的打造。同时，软件系统的打造还包括公司品牌力的打造以及与政府沟通能力的打造等。一家直销企业想要真正突破百亿业绩，首先要对自身软件系统和硬件系统进行有条不紊地建设，而且在建设的过程中，企业的拥有者、管理者、投资者等深度关联者都需要对公司的各项建设进行不间断地投入，共同推动平台的持续发展。

当制定好企业的中长期发展规划后，就需要直销企业准确控制发展中遇到的各种战略、战术风险，以一种淡然的心态，努力打造出一个优秀的事业平台。在目前的行业中，有些直销企业在一段时间内能够沉下心来踏实做好积累工作，但在不久后又忍受不了业绩的提升速度，进而产生浮躁的心理。如果企业在发展的过程中，决策者缺乏踏实的心态，以一种心浮气躁的状态指导公司发展，企业的管理层必然也难以心平气和地做好公司的管理工作。这种后果会导致企业的经销商不能踏踏实实地沉下心来按照直销的规律去作业。如果企业领导者一旦有了投机心理，总想以模式上的颠覆性变革实现企业的跨越式发展，急于求成，往往会引发公司的战略风险。这种战略风险的发生极容易导致公司前几年脚踏实地发展的成果毁于一旦，使之前做出的努力前功尽弃，更重要的是，这种战略风险的破坏力完全能够影响企业后续发展的生态和节奏，使企业失去发展的能力。

而且，企业一旦变得急功近利，极容易丢弃企业发展根本性、方向性的支撑点，从而偏离原来的发展方向和正常的发展轨道，在这种情况下，各种风险就会一波接着一波地随之而来，比如政策风险、法律风险、经营风险、品牌风险、管理风险等。一旦这些风险中的任何一种降临到企业头上，造成的结果都将让企业难以承受，百亿业绩更是变得遥不可及。

所以，企业要想打造百亿业绩，一定要有淡泊明志、宁静致远的心境，一定要勤奋耕耘、扎扎实实推进企业的发展。直销企业只有在正确的方向上发展，遵循直销的正确规律发展，逐渐完成由量变到质变的发展过程，最后才能实现突破百亿业绩的华丽转身。

四、百亿业绩 专业为先

企业要实现百亿业绩的目标需要坚守专业之道。如果一家百亿业绩的直销企业在发展过程中显示出许多不专业的地方，那么他的百亿业绩或许存在一定的泡沫，在打造过程中极有可能存在投机因素。这样的百亿业绩就是低含金量的百亿业绩，也是直销企业不应追寻的虚假繁荣。近几年，直销行业就出现过这样的案例，一些直销企业在不专业的基础上短暂实现百亿业绩目标，但这种辉煌时刻转瞬即逝，企业业绩并没有得到持续性发展。因此，要想真正谋求百亿业绩，直销企业的发展道路一定要正，并要把"正"作为企业发展的根本。

直销企业又该如何秉承专业之道呢？第一，在公司产品的打造上要专业，要不断地依托专业的科研力量来建设有产品力的产品序列；

第二，在公司管理架构的设计上要专业，通过现代化技术装备不断提

升整个公司的管理效能、效率和效益；第三，在公司服务系统的打造

上要专业，要让客户、合作伙伴安心、放心，甚至在合作的过程有如

沐春风的感觉；第四，在公司人才的配置上一定要专业，让专业的人

干专业的事，让专业的人用专业的流程做事，并适时为专业的人提供

提升的机会。在人才的配置上，还可以使用空降和企业培养相结合的

方式、送出去和请进来相结合的方式实现人力资源的优化。现在，整

个直销行业的人才都处于相对匮乏的状态，尤其是中高级人才资源十

分稀少。企业为提升人才的专业化水平，完全可以以"借船出海"的

方式聘用行业内专门的培训机构或专门的人才打造体系，帮助企业快

速打造一批能挑大梁的专业人才。

第五，企业的发展要有专业的方式方法，企业可以通过直销的专

业作业流程、专业的发展方式、专业的作业方法打造一个可以不断复

制和内循环的专业直销系统。同时，企业发展过程中的各种决策过程

也必须专业。作为一个组织机构，最坏的情况就是外行人领导内行人，

一旦外行人开始领导内行人，内行人将无法展现自己在专业领域的专

业能力，时时受到掣肘，信心就会随之受挫，最后的结局就是专业的人才挂靴而去，由这种不专业的方式而引发人才走马灯式的替换，对于企业必然没有好处。而且，企业在文化建设、品牌打造、直销环境的建设上同样要专业。只有企业的营销模型、商业业态和组织发展等都遵循专业的发展轨迹，企业才能够真正拥抱未来。

百亿业绩的诞生并不是来自于奇迹，而是来自于专业的、长期的经营、谋划。如果企业能在专业的基础上，保持稳健发展，百亿业绩的到来将是水到渠成的结果。

五、百亿业绩 心态要稳

打造百亿业绩需要有良好的心态。不论是企业管理者的良好心态，还是经销商、合作者的良好心态，亦或是投资者的良好心态，都是企业发展过程中不可或缺的。只有企业关键利益方都具备了良好的发展心态，企业才能真正尊重规律并有耐心地去等待从量变到质变的积累过程。

在目前的直销行业中，我曾观察过一家已经发展了十余年时间的直销企业，该企业的产品质量很好，科技实力也很强大，企业的管理层基本上都是由行业中有着十年到二十年资深管理经验的专业人才组成的，企业的经销商很多来自于国际直销企业，受过很多专业的技能教育和文化观念的熏陶，而且这家直销企业在十年前就达成了10亿左右的业绩。综合以上因素，我们似乎可以认定经过十年的发展，这家企业将一鸣惊人，一飞冲天。但是现实并非如此，十年后这家企业的业绩并没有太大的提升。

为什么会出现这样的现象呢？我经过研究发现主要原因出在企业管理者的心态。虽然这家企业发展了十年，但是他直到今天都没有建立一处拥有完全自主产权的生产基地，也没有属于企业的现代化、智能化办公平台，这致使公司产品的品质不稳定，从而导致经销商内心不稳定，核心骨干流失严重等问题。难道一家经过十年运营和发展的企业，没有利润去建设属于自己的生产基地吗？没有实力去打造自己的科研力量吗？绝对不是。最主要的原因是这家企业的投资者在利润产生之后，马上就把产生的利润吃光、用光、分光。这种十年如一日地把企业当成ATM机的发展模式，使企业失去了发展的根基和动力。十年之中，这家企业的利益分配者一直都没有以长远发展为目标的资金投入和面向未来的心态，从而导致如今结果的产生。企业利益深度相关者的心态对于一家企业的长远发展非常重要，要达到百亿业绩，企业各方利益人一定要有良好的心态。

总结

我从理论和战略的层面，以及从行业中百亿业绩规模企业的发展实践案例中，为大家提炼出了企业进军百亿业绩方阵的几大秘籍。希望能引发行业内正处于追求百亿业绩企业的深度思考，为企业追寻百亿目标指出一条正确的方向。而且我相信，百亿业绩只是直销企业绿色发展过程中的最近处的一道风景，而无限美景还在未来等着我们去探索，比如两百亿、三百亿，甚至上千亿的宏伟目标。我更相信，在未来十年，中国直销行业一定会产生创造远超百亿业绩规模的企业诞生。同时，也确信未来将有很多企业在完成前期积累的基础上厚积薄发，在科学发展的道路上突破百亿业绩，继而成为整个中国大健康产业中一道道靓丽的风景线。

直销企业如何做好产品规划，打造拳头产品

最近一段时间，行业内盛行一股风潮，很多直销企业都在倡导"回归初心"和"工匠精神"。"回归初心"要回归到哪里？我认为直销的"回归初心"终究是需要回归到产品上。同样，所谓的"工匠精神"更是要以严谨、专注、专业的态度做出好的产品。

产品是企业发展的基石，优质的产品可以为企业赢得众多忠诚的消费者，从而实现重复消费，为企业的持续发展提供无限动力。但根据国家有关规定，目前直销产品仅仅局限于化妆品、保洁用品、保健食品、保健器材、小型厨具及家用电器六大类，这在一定程度上造成了直销行业产品同质化现象越来越严重。在这种情况下，如何在众多同质化产品中脱颖而出，赢得消费者的认可，已经成为众

多直销企业不得不面对的问题，而做好产品的规划，打造自己的拳头产品就是解决这一问题的有效途径。

如何做好产品的规划

作为一种现代营销方式，直销同样是以产品销售为主体，而且销售的是具有更高科技含量、更高附加值的产品。直销产品不仅仅是指一个有形的物品，同时也包括无形的服务。特别是在今天这样一个智能化的时代，由大数据、云计算、移动互联等新技术支撑的新消费时代，服务是一种有效提升企业竞争力的无形产品。但无论是有形的物质产品还是无形的服务产品，都需要在消费者进行消费的前提下才具有价值，才能形成企业长久发展的产品基础。

企业做好产品规划，首先要对整个直销行业的产品状况进行调研、分析。例如，可以对标一家与自己经营范围相似，并在市场中具有一定竞争力的企业，了解该企业的产品设计和规划以及如何制定具体的产品研发、生产与投放的策略。正所谓，知己知彼，百战不殆。如果不能全面了解行业的产品情况，只是一味地闭门造车，很容易夜郎自大，造成对市场战略的误判。只有在了解其他企业产品设计和规划的基础上进行借鉴和优化，才有助于企业在市场竞争中占据主动地位。当然，如果以企业自身的力量无法实现对行业的产品状况进行调研分析，在了解行业产品概况上存在一定难度，可以借助专业顾问机构的力量，共同对行业的产品进行搜索、建档，建立起企业产品规划的信息库。

其次，企业要盘清家底，对自身的产品构成、有效产品资源、制造条件、技术水平以及科研能力等实力和资源有清楚的认知。只有对生产、科研、资金、库存、价格竞争力、品牌力等进行全面地了解与掌控之后，才能做出有序的、符合自身条件的、切合实际的产品规划。

再次，企业要深入研究《直销管理条例》和《禁止传销条例》的若干条款，尤其是有关产品的条款。在法律政策允许的范围之内，构建企业的产品线。

最后，企业应当在尊重直销行业发展规律的前提下做好产品规划。众所周知，直销从业者来自五湖四海，来自各行各业，有着不同的学历背景和工作背景。但在开展直销业务时，都需要他们一对一地面对客户做产品介绍，分享产品使用体验，最后通过口碑的力量、信任的力量完成终端销售和服务。所以企业要根据不同发展时期制定不同产品规划。

在发展初期，企业产品在种类上不宜过多，在产品推广上要简单，在产品演示上要直击消费者的消费欲望，在产品效果上要清晰显著。待企业发展到中期，消费者对于企业品牌知名度和信任度有了一定提升，产品有了一定的市场规模和消费群体之后，产品线就可以拓宽一些，开发一些刚性需求的产品推动和满足直销会员对于一些日化产品、家居产品的消费需求。而当企业发展到第三个阶段，已经具备了较大的市场规模，所覆盖的消费群体也较为忠诚和稳定时，就可以不断地推出一些具有靶向性的高科技、高附加值的消费产品。因为经过此前的长期消费，消费者对产品品质、产品服务有了较强的信任度，从而对该企业产生了较强的依赖感。在此基础上，企业就可以按照一定的时间间隔推出一些全新的产品，甚至推出一些非刚需产品也同样可以撬动部分市场。

　　中国管理科学学会新营销经理人联盟会长易园翔先生，曾写过一部关于直销行业的营销实战秘籍——《直销易经》。易园翔先生在该书中对直销产品的规划提出了基于实战方面的一些解读，他将直销产品分为爆款产品、引擎产品、刚性需求产品以及纵深推进的产品。这种产品分类，对于企业的产品规划有着十分重要的指导意义。

　　产品规划是直销企业必须重视的问题，并且需要有全方位的认知。同时，直销企业在做产品规划时，要兼顾直销企业的发展规律与生产资源，要兼顾整个直销行业产品差异化的现状，要兼顾当前政策的许可性。只有兼顾这三方面，才能打造出真正匹配直销企业发展的产品规划。

如何打造拳头产品

　　在直销行业内，我们经常听到直销企业说要打造属于自己的拳头产品，但什么是拳头产品？首先，拳头产品一定是能在市场中长久销售的产品，在销售规模中属于排名靠前的产品。其次，拳头产品一定是能让消费者形成强烈记忆的产品，是企业的标志性产品。再次，拳头产品一定是能够让企业形成重要品牌标签的产品，这种品牌标签是企业区别于其他直销企业的差异化优势。

所以，打造拳头产品是关乎企业生存和发展的重要问题。只有打造出属于自己的拳头产品，才能在众多直销企业当中脱颖而出，成为消费者的首选对象，进而提升自己在行业中的影响力。至于如何打造拳头产品，可以从以下三方面着手。

第一个方面，要从产品力上打造拳头产品。产品力就是产品对于消费者的吸引力，它是由产品的差异化、科技力、功效力等构成的。所以，提升产品力首先要打造差异化的产品，在行业内产生独特的影响力。此外，还要提升产品科技力、功效力以及企业的背书系统。康宝莱邀请 1998 年诺贝尔生理学或医学奖获得者路易斯·伊格纳罗博士加盟，进行产品的研发；新时代邀请中国著名的科学院院士赵玲娟提升企业的研发实力；安利纽崔莱不断地强化产品供应地的纯净、天然、绿色、低碳理念，打造品质方面的产品力。这些都是直销企业通过科研力、功效力、背书系统等提升产品力的有效方式。

第二，要从销售力上打造拳头产品。任何一种拳头产品都要有自己独特的营销特色。在打造拳头产品的过程中，尤其要注重它在市场上所具有的销售力，在重复消费上做文章，不断提升产品的市场份额。所以，企业要打造拳头产品，就要为选定的产品制定独特的营销策略，增强消费者的购买欲望。

第三，要从传播力上打造拳头产品。传播力一方面是外部的传播力，即通过公众媒体、自媒体以及各种各样的线上线下活动来推广企业拳头产品的差异化及产品力；另外一方面是内部的传播力，即企业中的每一位直销员在做产品分享时都应该如数家珍，同时在企业的展业资料和工具中也应将宣传重心聚焦在拳头产品上。

需要注意的是，拳头产品的打造绝不是单一部门的职责，需要企业销售部门、市场部门、企划部门、教育部门、管理部门以及企业的决策者们共同研究打造。近几年，中国的高铁技术已经走在了世界前列，成为一张中国名片，李克强总理等国家首脑到全球各个国家出访时都在力推中国的高铁技术，将高铁技术打造成国家层面的拳头产品之一。所以，直销企业在打造拳头产品时也应当如此，要反复宣扬，反复推广，这样才能打造拳头产品的强大吸引力。

当然，在中国直销行业里，有很多优秀的直销企业都有自己的拳头产品，比如说安利的雅姿化妆品、康宝莱的减肥产品、天狮的钙产品、金士力的银杏叶滴丸、绿之韵的螺旋藻、三生的东方素养、新时代的松花粉等。可以说，一个持续发展的优秀直销企业一定有着自己标签性的产品，而这种标签性产品的打造也绝不是一朝一夕就能完成的，不是仅凭少数人就能打造出来的，而是需要企业群策群力，调动各方面的人力、物力，精益求精，力求臻品。

在直销行业的市场竞争中，任何一家企业都需要在产品方面下足功夫，初心与匠心是企业在产品规划和产品打造上必须遵循的理念，唯有如此，才能在未来更加光明的直销行业中获得持续发展。

直销企业如何甄选合适的职业经理人

近两年，我看到一些直销企业频繁更换职业经理人，部分职业经理人也如走马观花一样频繁改换门庭。对于直销行业来说，人才流动是一种正常的现象，但流动得过于频繁就违背了行业的正常发展规律。一方面会给企业市场造成一定震荡，影响企业的发展；另一方面也会给职业经理人带来不好的声誉，影响其日后的事业发展。所以，企业挑选合适的职业经理人，并达成长期有效的合作，对于双方都有好处。

尤其是对于那些希望转型直销和刚刚取得直销经营许可证的企业来说，挑选合适的职业经理人显得尤为重要，将直接影响到企业日后的发展状况。

供不应求的人才需求

纵观整个直销行业，中高级人才目前正处于一种供不应求的状态。一些直销企业在人才的使用上也存在低能高用的状况，这些人难挑大任，但企业又迫不得已。与此同时，行业内也出现了直销企业与直销人才"闪婚"，度过短暂的"蜜月"后，快速"分手"的情况。而这也是企业对人才的识别与考察存在误判的表现。

不少直销企业缺乏直销行业人才的信息储备，在挑选职业经理人时往往会借助专业咨询机构的力量。而一些专业的咨询机构，也采取与北京大学、清华大学等名校联合办学的方式，为企业做各方面人才的培养，且这样的培养方式已经受到越来越多人的接受与认可。这说明许多人已经开始注重提升自己各方面的能力，也从侧面说明行业优秀人才的紧缺。

同时，在直销行业里不乏一些能说会道的职业经理人。他们擅长演讲，能够给人留下深刻的印象。而那些求贤若渴的直销企业家和投资人往往会被他们迷惑，在没有真正了解其能力前，便将其视为公司发展所需的人才，与之进行合作。但在经过一段时间之后，企业便会发现这样的职业经理人难有作为，离自己心中的选拔标准还有较大的差距。还有一些职业经理人在职业素养上存在诸多问题，不但享受着公开规则以内的权益，还贪图一些规则之外的权益。这给整个行业带来许多负面影响，也导致职业经理人群体和直销企业之间的信任体系缺失。

怎样甄选合适的职业经理人

在优秀人才紧缺的状态下，企业在挑选适合自身发展的职业经理人时不能过于草率，也不能听信他人的一面之词，要从多个方面进行衡量。具体可以参考以下几种方式。

第一，建立面向直销行业的信息渠道，利用正规来源的准确信息评估待选直销经理人的能力素养。企业可以与行业里专业的咨询机构建立正规的信息交流机制，甚至可以做一定的投入，以确保能够获取准确的人才信息。这样企业对于所要引进的人才状况、人才等级和分类及价格体系才能有清晰的认知，从而做出正确的选择。

第二，要建立甄选标准。在人才选择的过程中，企业要设定岗位所需人才的甄选标准，然后再去进行匹配、甄选。有些职业经理人声名显赫，在行业内也拥有良好的口碑，但他是否一定适合于自身企业需要，尤其对处于发展初期的直销企业来说是一个值得思考的问题。因为有的职业经理人善于开疆拓土，从无到有开拓市场；有的职业经理人善于锦上添花，适合企业市场有了一定规模以后进行进一步的战略布局；有的职业经理人是开拓型的，有的职业经理人是守成型的……因此企业一定要明晰在阶段性发展过程当中对于人才类型的需求，进而挑选合适的职业经理人。

第三，要进行背景调查。唐太宗所讲，"以铜为镜，可以正衣冠；以史为镜，可以知兴替；以人为镜，可以明得失。"历史是不会欺骗人的，而职业经理人的从业经历对于直销企业在选人时也有一定的参考价值。所以直销企业在对直销经理人进行选拔时要对待选人进行细致的背景调查。直销行业的圈子并不大，对于一个职业经理人的背景很容易调查到。他在行业中的口碑如何，在其他企业的成绩如何，是否有违规经历等等一系列的问题，都需要企业提前有所了解。当然，这种背景调查最好是请专业的机构来完成，因为这些第三方机构更加公正，更能客观地评价每一位职业经理人，给予最客观的评价。这样就能做到实事求是，不误判人才。

第四，要有严格的甄选流程。人才是企业发展的最重要因素之一，职业经理人作为企业直销业务的直接领导者更是企业的重要人力资源，一位称职的职业经理人是企业未来直销健康发展的重要保障。因此，对于职业经理人的任用一定要有严格、科学的甄选流程。背景调查、信息收集、组织面试、探讨合作的规则、试用考察以及正式合作基础上权利与责任的明晰是甄选职业经理人的科学流程。科学的选拔流程是一种全方位的保障体系，企业在选拔职业经理人时一定要全面考察，通盘考虑，不能因为一个职业经理人在某一个过程当中表现得好就轻易做决定。

第五，要明确双方的权利和责任体系。职业经理人与企业的合作中，有自己的利益诉求、权利要求，而企业对于职业经理人也要有清晰的责任要求、业绩要求、管理要求等内容。所以，企业与职业经理人在签订合作协议时，一定要对这些要求进行清晰的、准确的书面条款确认，切忌用江湖义气、模糊条款来替代，明晰的权责关系对于双方来讲都有益无害。因为在行业中有着太多的前车之鉴，有些职业经理人与企业的分道扬镳，就因为双方在合作的过程当中出现了一些违反合作规定的做法。比如，一些企业想节省成本，就会降低职业经理人的基本薪酬，提高业绩提成。但当企业业绩提升之后，企业老板就会觉得提成太高，导致企业运行成本提高，于是就不想兑现当初的承诺，最终导致双方的"分手"，留下一些恩怨。所以，在双方合作时，一定要将权、责、利划分清楚，并严格按照这些规定执行。

通过以上五个方面的内容，可以有效帮助企业甄选到合适的职业经理人，也可以有效帮助职业经理人找到自己心仪的合作企业，实现直销企业与职业经理人的长久合作，共创、共享、共赢企业未来的美好蓝图。

企业甄选适合自身发展的职业经理人并不是一件轻而易举的事情，需要企业用心挑选，用科学的选拔标准定位，需要借助咨询机构第三方服务平台的力量。通过科学的选拔流程甄选出的经理人在一定程度上可以实现与企业达成长久的合作，推动企业的向好发展。同时，严谨的选人标准和态度，也在一定程度上能够帮助直销行业中企业与职业经理人群体之间建立良好的信任体系。

打造直销企业与职业经理人的科学合作模式

一般认为，将经营管理工作作为长期职业，具备一定职业素质和职业能力，并掌握企业经营权的群体就是职业经理人。宽泛来讲，职业经理人横向上的分类包括财会、生产管理、技术；纵向上的层级可分为能工巧匠型、元帅型和老师型。

企业与职业经理人之间，不能简单地认为是雇佣与被雇佣的关系，而应该是合作、共赢的关系。尤其是在如今这样一个共享经济的时代，合作、共赢是社会发展的主旋律，因此企业与职业经理人更应当营造一种科学的合作模式，达到共赢的目的。

那么，对于直销企业和直销职业经理人来说，该如何合作才能实现双方利益最大化呢？

两种合作模式

在中国直销行业中，职业经理人可以分为两种，一种是纯粹的职业经理人，一种是复合式职业经理人。

纯粹的职业经理人是指企业与职业经理人通过一定的协议达成的合作关系，然后赋予职业经理人清晰的权责利，双方各行其道，共同达成既定的目标。这种职业经理人只有一个身份，那就是企业直销业务的实际经营者。

"拿人钱财与人消灾""受人俸禄忠人之事"是这种职业经理人合作的基本规则。不过，外资企业和本土企业在与这类职业经理人的合作方式上也存在一定差异。比如说在权责利的核定上，外资直销企业会更加清楚明晰，一般会将合作建立在法律机制上，在权利和收益上规定得非常清晰。同时，他们在选择职业经理人时，会先对职业经理人做一些基本的评估。如果说企业觉得某个职业经理人价值两百万，那么他们将会用年薪两百万的标准来考核职业经理人，这会形成职业经理人的全部收益。接下来如果规定收益体系总额 60% 是月度发放，40% 是按照业绩考核目标来做，那么执行起来也一定是按照这个规章制度严格执行，并没有有功劳和苦劳一说，只会以结果为导向。

但中国内资直销企业并不是用价值评估法，而是按照自己的成本去换算。比如说企业会把职业经理人的收益切割成两个方面，基本薪金是一个方面，另外一个方面则会和职业经理人的市场绩效挂钩，而且有时候在界定的执行上也不是特别严格，因为内资企业会讲人情、讲面子。

复合式职业经理人是指这类职业经理人拥有多重身份。一重身份是职业经理人，与平台的拥有者、缔造者签署职业经理人的权责利的协议。第二重身份是企业股东，但是这个股东的身份从平台的角度来看又具有特殊性，因为他们不是直销平台缔造的原始股东，而是以自己的资源来分享经营的利润。而且他们可能还存在另外一种身份，即市场领袖，这种状况只会在国内个别的本土企业中出现，而绝大部分企业只会允许股东身份和职业经理人的身份结合，并不允许职业经理人还拥有直销商领袖的身份。

鉴于纯粹职业经理人和复合式职业经理人的存在，直销企业在与职业经理人合作时也会有纯粹职业经理人合作方式和复合式职业经理人两种合作方式。复合式职业经理人的合作方式，有一定中国直销特色，但是按照全球职业经理人规则来讲，这种合作方式容易滋生管理上的问题，所以现在在直销行业里面对这种合作方式有着许多不同的观点，褒贬不一。

合作时应遵循的规则

不管是纯粹的职业经理人还是复合式的职业经理人，想要与直销企业达成最合适的合作方式，都应该遵循以下几条规则。

第一条规则，一切合作以契约为基础。当职业经理人与企业决定要达成合作时，双方一定要建立严谨的、有条款可依的合作协议。当合作协议建立以后，它不应是一纸空文，双方都要表现出对合作协议的尊重，按规定内容行事。

当然，在实际合作过程中可能存在一些变故或者出现某些意外情况导致违约发生，但不能把变故和意外情况的出现当成改变契约的理由和借口。而应该在契约签订的时候就充分考虑到各种可能发生的状况，反复求证，不要粗放地对合作契约进行设计和打造，而要全面考虑到合作过程当中可能出现的种种状况，进行细致入微的设计。

在中国，合作双方在签订合作协议时，往往会在法律层面之外夹杂一些个人情感，在设计合作条款时留有余地。反观一些大型的国际企业在双方签合同的时候，都会认真检查合作内容，细化每一个条款，并反复进行求证和推演，最后双方才能严格按照合作内容来执行。在契约的建设上，直销企业和职业经理人一定要有敬畏之心，事先要进行认真、细致地设计和规划，事中和事后要一丝不苟地执行。

第二条规则，合作方式要保持公平、公正、公开的原则。直销企业与直销经理人的合作要能够展现出双方阶段性合作和长远合作的意向。特别需要注意的是双方都不能暗箱操作，需要将一切摆到明面上来谈清楚，这是在设计契约、签署合作协议时应该坚守的原则和方法。双方在建立契约时一定要站在同一水平线上，不能有高低贵贱之分，不要让任何一方在心理上存在落差，这样建立起来的合作才会更加稳定。

同时，一切合约的制定要以互相尊重为前提。直销企业和职业经理人的合作要彼此尊重，一方面职业经理人要尊重直销平台缔造者以及他在这个平台上所有的劳动成果，尊重平台的所有权，尊重平台上所有人的劳动，这是非常重要的。不要表现出一幅盛气凌人姿态，要知道"水满则溢，月满则亏；自满则败，自矜则愚"。在任何时候，直销经理人都要清楚资本是有意志的。当资本意志与职业经理人的个人意志发生冲突时，哪怕面临着巨大的违规成本，企业也会更换其职业经理人。因此，为了避免这种情况的发生，职业经理人要对直销企业抱有足够的尊重。

当然从另一个角度来看，直销平台的打造者、拥有者，同样要尊重专业的职业经理人，赋予他们合理的权利，并在此基础之上做好分工，给职业经理人良好的施展空间。中国有句古话，"士为知己者死。"所以，有操守的职业经理人是愿意为赏识他、尊重他并给予他舞台和空间的企业努力工作的。他们在实现企业直销理想的时候，同样也实现了自身的价值，这其实就是双方相互尊重的结果。如果在互相尊重的基础上打造企业与职业经理人的合作，无论是纯粹的职业经理人还是复合式的职业经理人，双方都能达成良好的合作，并有效推动企业的发展。

第三条规则，以诚信作为保障。孔子在《论语》中就有谈到诚信的问题："人而无信，不知其可也。大车无輗，小车无軏，其何以行之哉？"意思是说人没有诚信就好像古代车轮旁边没有插销，只要往前走几步轮子就会掉，车就会散架，再也不能向前推动。所以，要达成科学合作的模式，直销企业的平台拥有者要讲究诚信，在契约所明确的权责范围之内给予职业经理人充分的信任。同时直销的职业经理人也同样要如此，所有应该解决的问题都应该摊在桌面上讲得一清二楚，在日后的经营过程中也要做到不弄虚作假，不言而无信。

所以，合作双方要坚守诚信，以诚相待，凡事都要采取深度沟通和会谈的方式来解决。这样，双方的合作才会更稳定，更能发挥各自在企业发展过程当中的作用，有效推动直销业务的发展。

第四条规则，责任是发展的动力。对于合作的双方来说，都要有责任精神，有担当精神。职业经理人一旦与企业达成合作，就要在其位、谋其政、主其事、达其果，对企业的短中长期的发展负责任。同时，还要保证不用短期的成长来损害长期的发展。此外，职业经理人还要对企业的经销商、合作者负责任，对直销实践过程中产生的问题或者是各种困难有担当。职业经理人应当是问题的解决者、终结者，而不是逃避者。

直销企业同样应该如此，言必行、行必果，对职业经理人的承诺一定要兑现。直销企业需要对自己的合作者有担当，对平台未来发展所需要的各种条件和资源体系有担当，对于企业健康运行战略的规划和方向以及资源配置上有担当，这样才能给予职业经理人发挥自己的才能所必须的条件，激发他最大的潜能。

所以，只有双方在这种担当精神之下，责任作为依托，合作才可以向前推进。

无规矩，不成方圆。直销企业与职业经理人的合作一定要按照一定的规则来进行，不能任性而为。否则，不仅双方的合作不能正常进行下去，可能还会在双方合作关系破裂后带来一系列的问题，影响双方的发展。

建立发展共同体

直销企业和职业经理人之间要想建立科学的合作模式，并达成长久的合作，最关键的问题是双方要形成发展共同体。只有形成发展共同体，职业经理人才能对企业的合作更具责任意识和担当精神，直销企业才会放心地将自身的直销业务交由职业经理人来打理。同时，建立发展共同体后，还可以促成双方长远的合作，推动企业平稳的发展。

直销企业经过了阶段性的发展，达成阶段性的目标。一方面说明了直销企业选择的职业经理人在德和才两方面，能够肩负起推进企业长远发展的重担。另外一个方面也说明直销企业与职业经理人的合作具有战略价值，也许能够推动直销企业更长远的发展。这就表明，双方的合作是可以持续发展的，可以共同协商做好下一个阶段合作所预定的一些顶层设计，包括建立更开放的共创、共享机制。

在如今的直销行业里面，可以看到某些直销企业在与职业经理人的合作上就是达到的这种效果。比如说无限极公司作为一个有着百年家族传承的企业，在历经二十多年的发展之后，他在与直销职业经理人合作机制上不断突破、创新，实现了企业与职业经理人的科学合作。

无论是纯粹的职业经理人还是复合型职业经理人与直销企业的合作，最核心的问题是要解决阶段性合作、中期合作、长远合作的问题。只有真正把短、中、长期合作的规则和顶层设计做好，并且双方都能够诚信执行，相互尊重，打造共同的发展体，才能达成双方最好的合作。

直销企业增加平台吸引力的"制胜秘诀"

随着直销行业的发展，越来越多的直销企业逐渐认识到企业之间的竞争归根结底是人才的竞争，谁能拥有更多优秀人才，谁就能在激烈的市场竞争中占得先机。所以，如何增加平台的吸引力，以吸引更多优秀人才成为企业越来越关注的话题。

而在直销行业优秀人才供不应求的局面下，直销企业应当注重自身平台的打造，增加吸引优秀人才的资本，尤其是那些刚刚进入直销行业的企业，更要注重提升平台的吸引力。

但在刚刚进入直销行业的企业中，我们却时常会看两种截然不同的情形。一些直销企业在获牌后，还没正式启动直销业务就已吸引到一大批人的眼球。这类直销企业暗自聚集市场资源，等待着直销业务的正式启动，以期在直销行业中施展拳脚。然而一些直销企业却出现另外一种情况：即使直销业务已经启动了很长一段时间，却一直都处于无人问津的状态，并没有人才以及市场资源前来合作。到底是什么样的原因造就了一面是"车如流水马如龙"的红火景象，另一面却是"门前冷落鞍马稀"的萧条局面呢？

事实上，造成这一问题的关键就在于"眼球效应"。在当前"眼球经济"环境下，直销企业若想增加平台的吸引力，从众多直销企业中脱颖而出，应将自身打造成具有"眼球效应"的平台。这对于直销企业资源聚集、人才吸引、品牌传播以及市场提振至关重要。

吸引行业资源、增加公众关注度，对于直销企业来说无疑是一件好事，但值得注意的是，在打造眼球效应的同时，需把握好"度"。吸引眼球的平台打造并不是一味地炒作，尤其是用非正常手段去炒作，虽说"天下熙熙，皆为利来，天下攘攘，皆为利往"，但一些不合理的、基于投机性目的打造的平台，不应是直销企业所推崇的平台。至于增加企业平台的吸引力，可以从以下四个方面着手。

合理运用品牌优势

要想打造合乎行业规律、具有"眼球效应"的平台，首先需要合理利用平台的品牌效应。我们姑且不去评判当年哈药集团获得直销牌照之后的风起云涌以及最终的结局，但不得不承认哈药在获牌时对于"眼球效应"的打造是非常成功的。而这成功的背后，大部分原因是由于哈药集团品牌的知名度足以引起强烈的社会关注。在当时直销的行业中，许多直销从业者都在摩拳擦掌，想与这样实力雄厚且拥有丰富资源的品牌合作。所以当哈药成功申牌后，许多直销从业者纷纷前往哈药集团寻求合作机会。尽管哈药在后期的发展中出现了很多战略性的失误，但是单就其平台本身的吸引力来讲，哈药集团对品牌的利用、设计、推送以及影响力的打造，是一个可以引以为傲的经典案例。

除了利用品牌的知名度之外，企业文化可以利用品牌的原始积累打造具有吸引力的平台。在直销行业还有一个值得借鉴的例子，就是康美药业直销业务的开展。康美药业目前在中国中医药产业市值是过千亿的品牌，发展 20 余年的资源积累以及企业对直销板块大气磅礴的投入，很轻松的形成了平台"眼球效应"，引起众人关注。

再比如同仁堂，从它获得直销经营许可证的那一刻起，就引起了行

业中很多知名营销人的持续性关注。这不仅仅是因为同仁堂这块响

当当的招牌，更因为它丰厚的积累和底蕴。

综上所述，利用品牌和原有平台品牌的力量延伸在直销行业的

"眼球效应"是切实可行的路径之一。相信对如今大多数医药企业、

美容化妆品企业、小型家电企业以及在日化产业具有品牌吸引力的

企业来说，依托平台本身品牌力量进行推广，并以此来打造平台聚

焦效应的模式，是一种可以借鉴的有效途径。

借助"名人效应"

在当下的直销行业中，直销企业想要瞬间提高品牌的影响力似

乎并不容易，但是借助名人入驻的方式可以在一定程度上有效提升

原有品牌的影响力。特别是在如今全媒体时代的浪潮中，一个默默

无闻的平台可能会因为某个特殊的人物、事件，完全可以成为直销

界的"网红"。

　　直销企业可以利用自身有利的资源体系来吸引各领域专家的加盟和关注，利用他们的背书力量、品牌延伸力量打造企业平台的吸引力。现在有一些直销企业就通过邀请获得诺贝尔奖的科学家到企业建立科学实验室，到企业或者企业总部所在区域做公益性演讲，或者走访企业去做咨询、推广……这些行为都可以形成良好的"眼球效应"。而且，通过媒体的传播，可以将这种"眼球效应"无限放大，进而提升企业平台的营销力，增强自身吸引力。

　　但通过名人背书的方式提升"眼球效应"时，需要注意三个方面的问题。第一，要注意名人本身能量的正负以及风险的把控；第二，要注意名人与企业需求的匹配度以及运作手段；第三，要注意名人效应打造的成本。如果不能对以上三方面进行全方位预估，最好不要采取这种方式，否则会适得其反。

创新推动平台吸引力

　　通过创新驱动发展是现在很多企业的共同认知，也是提升平台吸引力的一种有效方式。企业创新，需要从多方面入手。

首先，要在产品上进行创新。通过研发、生产独一无二的产品，以传播的力量达成吸引眼球、提升影响力的效果。

其次，要在模式上进行创新，重构行业发展的商业逻辑，打造出创新型模式，以达到吸引眼球的目的。比如在 2017 年呈现黑马之姿的苏州绿叶和广州德家之所以成为行业中热议的对象，就是因为他们在商业模式上有突围、有创新。

再次，要对机制进行创新。所谓机制创新，就是企业为优化各组成部分之间、各生产经营要素之间的组合，提高效率，增强整个企业的竞争能力而在各种运营机制方面进行的创新活动。

第四，还要进行文化创新。无限极在中国直销行业传奇性的发展之路，不仅彰显了他在中医养生领域的深耕细作，也使得"思利及人"的企业文化在行业中形成了一种榜样力量。这种行业榜样力量的形成和推动，成为当今平台影响力的重要支撑要素。

最后，进行科技层面的创新，形成通过科研技术获得足以吸引大众的优势。

所以，想要通过创新来打造平台的吸引力，就要在产品、模式、文化、机制、科技等方方面面下足功夫。

口碑的强大力量

在直销行业中，口碑具有强大的推动力量。我们经常会听到一句话说，"金杯银杯不如老百姓的口碑。"《国语·周语》也讲道，"防民之口，甚于防川。"这两句话表达的内涵是相同的，即言论的力量是巨大的。所以，直销企业要重视在大众心中树立良好形象，获得良好口碑。

当企业的好口碑被广泛传播时，将对平台影响力的提升起到重要作用。在平台影响力的打造过程中，如果企业资金充足则可以不断通过公众传播平台进行品牌影响力的强化。但是在如今公众平台的影响力、广告效能、广告穿透力日渐下滑的环境之下，有效的口碑传播对于平台吸引力的打造，也许是一种低成本的、快速建立信任体系的最佳方式。

口碑力量可以有很多载体，比如依托于产品。好的产品可以给消费者带来良好的消费体验，在他们获得良好体验之后自然会对企业产生认可。同时，他们也会向周围的亲朋好友推荐这家企业的产品，利用口口相传的模式形成广泛的传播，赢得更多消费者的信赖，继而形成良好口碑。除了产品之外，口碑力量还可以依托企业家的德行力量、企业平台的创新力量以及企业的品牌内涵等。

所以，企业若想打造直销平台的吸引力，就一定要有开阔的视野、清晰的设计和良好的成本意识，然后通过切实可行的方法，真正将平台的正能量释放出来。

企业平台吸引力的打造，不是一次性的推动，而是一个持续发展的过程。在未来，希望每一家坚守正确发展理念的直销企业，都有这样一个能够释放正能量的平台，进而源源不断地吸引人才和资源的入驻。

从传统企业转型直销需要迈过的"坎"

《"健康中国2030"规划纲要》的实施为中国的健康产业开启了一扇通往无限广阔天地的大门，而作为健康产业一份子的直销行业也从《纲要》提出的2020年突破8万亿，2030年突破16万亿规模的健康产业中看到了无限美好的发展前景。

在对于未来的美好期待中，作为健康产业重要组成部分的直销行业也成了受众人追捧的"香饽饽"，许多传统企业都在寻求直销的转型之路，意图利用直销模式在健康中国的宏伟蓝图中留下浓墨重彩的一笔。

明确转型的概念

关于"转型"，我们首先需要正确界定这一概念，以及包含的两种方式。

第一，传统企业完全放弃过去的营销方式，全面地导入直销模式，通过直销方式重构企业的市场、完成企业的销售、达成企业经营的经济指标和战略。这种转型方式具有 100% 的导入性。

第二，传统企业仅把直销模式作为一种营销方式来导入，企业原有的经营方式依然保留，只是针对部分产品，或者是以新兴产业导入直销的方式，用来帮助企业拓展市场，建立顾客源。这种转型方式叫作局部导入。

由此得知，两种转型方式，一种是 100% 的全面导入，将一个传统企业全面转型成为一个直销企业；一种是局部导入，将企业定位成一个拥有直销经营方式的企业。无论是前者还是后者，直销方式的导入都是至关重要的环节。

传统企业转型直销的两个案例

2017 年 8 月，我参加了两个活动，一个是在北京举办的，有 500 多名企业家共同参与的会销行业活动。会上，我们一同探讨了会销与直销的互动。另外一个活动，是在西安举办的中国美业第 14 届华山论剑峰会，探讨的话题是美业与直销行业的互动。

从 2017 年行业发展可以看出，直销成为众多产业、企业共同关注的焦点话题。比如我国的几大药企，康美药业、天士力药业、修正药业、同仁堂药业、康恩贝药业、西安利君制药等大型的企业都在关注直销行业的发展趋势。其中，有些企业已经进入到直销行业中致力于推动直销的发展，有的则是计划进军直销行业，计划在未来的直销市场上占据一席之地。

而在美业领域，比如雅倩和浪莎袜业这样有口皆碑的品牌，也在关注直销行业的发展，其中，浪莎已经获得了商务部的申牌公示。同时，除药业和美业之外，会销行业对直销的关注也从未停止。在外行人眼中，直销看上去很美，但在传统企业向直销转型的实际推进过程中，必然面临诸多挑战。想要成功导入直销模式，传统企业一定要以审慎的态度做好战略规划和布局，并做好时间上的准备，因为转型直销并不是一朝一夕的事情，很多直销企业的转型都经过了多年的筹备。

迄今为止，我们接触到的传统企业转型直销的案例不在少数，不妨从具体事例中具体分析。首先要提到的一家成功转型直销的企业是隆力奇。2006 年，海畴集团全程规划了这家中国日化界巨头企业的转型，虽时隔 11 年之久，但当年的很多经历仍历历在目。当时，隆力奇的董事长徐之伟在和我探讨直销转型事宜的时候，曾向我咨询过关于风险管控、行业状况、申领直销经营许可证等多个问题，同时委托海畴集团在进行企业调研的基础之上，完成直销方式导入的十大基础方案，包括战略、管理、市场计划、物流以及资金流，风险管控、经销商管理、产品规划、人才的引进、教育培训的打造十个方案。在获得有价值的顾问咨询和企业管理方案之后，隆力奇才正式开启直销转型之路，并最终成为中国直销行业中一家具有代表性的传统企业转型直销的成功案例。

隆力奇的直销转型之路，从流程到方法再到咨询线的建立，以及专业力量的导入和运用都非常到位，因此在成功获牌之后隆力奇的直销业务获得了良好发展。

但是，企业转型的案例并不都是成功的，也难免会出现不容乐观的状况。比如在 2017 年上半年，西安一家老牌制药企业利君制药，也向我们咨询过转型直销的相关问题。但是，企业管理层在对直销模式的建立和推进认知并不是特别清晰的情况下强行被一些市场资源"赶鸭子上架"，开启直销转型。在这样的经营状况下，企业的突发事件此起彼伏，企业和市场资源之间的矛盾也越来越多。

由此可见，如果没有前期充足的准备和基础打造，企业在试水、导入、筹备直销的过程中难免问题百出。企业运用直销来开展营销创新，加快企业的战略突围必然是有战略价值的尝试。而问题的关键在于，企业究竟如何做好这种转型，如何成功获得直销模式的导入?

传统企业如何成功导入直销模式

第一,无论是全局性导入直销还是局部性导入直销,传统企业都应该把直销的导入提升到企业战略的高度并加以重视,而不仅是当成一种战术层面的行为。格局要提高,思维高度要提升,要对直销模式进行专业地设计和架构,从而更好地匹配和调度资源以开启转型之路。只有这样,才能够把直销未来的整体设计以及顶层问题解决到位。

在 2015 年,海畴集团在给天津的金士力做"十三五"规划的时候,就曾提到过顶层设计和战略规划的重要性。对于整个天士力集团大健康产业板块的六大构架来讲,直销所建立的平台和会员制渠道一定是企业在健康产业板块历经 20 多年的发展重新集结的引擎力量。因此,所有计划进入直销领域的传统企业,首先要在发展战略方面达成共识。

第二,传统企业在转型直销的过程中,要完成认知层面的转型。

这种认知上的转型包括三个方面。第一个方面是对直销的认知转型。企业要对目前整个中国直销的发展环境、直销的本质和运行规律，以及直销行业的运营风险有所认知。获得这种认知的途径多种多样，可以通过书本、专业咨询机构提供的信息、相关的行业报告，或者通过参加专业的学习等方式，都是可以提升思想认知的有效渠道。

第二个方面是要对企业本身导入直销有全面的认知。首先，要明确企业导入直销的初衷；其次，要明确企业目前是否具备导入直销的基础条件；最后，企业要对导入直销之后，如何集结市场资源创造发展条件，如何申请直销经营许可证，以及如何持续发展的设计构想有清晰的认知。

第三个方面是关于工作规划的认知。中国有句古话叫作"凡事预则立，不预则废"，当对一件事情有了预先的设计和构想以及风险的预估之后，在实践中推动时才能够事半功倍地达成预期效果。反之，若是没有做好规划和基础性的准备工作，没有完成风险防控措施的设立等各项工作，就匆忙地登台亮相，企业的转型之路一定会问题百出，最终草草收场。

第三，传统企业转型直销的工作要有序推进。企业必须明确直销
的发展是一个循序渐进的过程。直销企业的打造需要时间。直销模式
运行过程中，需要多方面不断地投入。直销业务的成熟，需要众多资
源的支撑。例如安利、完美、无限极、玫琳凯、天狮等成熟的直销企
业在其发展过程中都有着清晰的节奏，只有以这种节奏井然有序地推
进时，企业才能得以健康有序地发展。反之，一旦企业的发展节奏被
打乱，就有可能出现突发性事件，导致企业措手不及。

因此，直销企业的发展一定要有战略定力，要不忘初心，时刻谨
记导入直销的初衷。坚守原定的目标，坚守企业的经营管理底线，坚
守各项规划和战略，按照既定节奏一步一个脚印地踏实前行。

但如今很多企业在导入直销模式之后，由于直销模式在业绩规模
提升上的优越性，业绩得以迅猛发展，甚至呈现十倍的增长，这种现
象让老板喜不自胜，但在仔细斟酌后就会意识到这未必是件好事。对
于直销企业而言，保持一定的业绩增长速度固然重要，但更重要的是，

企业的发展速度、发展规模要与管理服务系统的打造相匹配，这样才能形成企业的良性发展。如果不相匹配，就如同小马拉大车，短时间内固然能前行，但并不能实现长久前行。所以，业绩上的暴增未必都是好事，暴增的业绩很有可能掩盖了发展过程中存在的诸多问题，同时发展激进的企业，就如同坐上过山车一样，虽然能在极短时间内升至高峰，但也有可能极坠而下。

因此，在传统企业转型直销的过程中，各项工作一定要有序推进，把握合适的发展节奏，稳步推进企业的资源筹备工作。企业只有制定了清晰的发展规划，才能更好地进行客户数据库的打造、企业的产品研发和市场布局、企业人才的更迭和培育等各项工作，实现从传统领域到直销领域的完美转型，完成企业的跨越式发展，在直销领域中创造更大的辉煌。

直销企业如何把握利好的国家战略

　　国家战略是为实现国家总目标而制定的总体性战略概括，是指导国家各个领域的总方略。所以，国家战略不仅反映出的是国家未来一段时间内的发展方向，更对各行各业的发展指明了新方向、新出路。

　　中国直销经过二十多年的发展已经取得了令人瞩目的成就，但在未来想要跟上国家发展的步伐，取得更辉煌的成绩，就一定要落实国家战略，从中找到清晰的发展目标和方向。那么，在近年实施的一系列国家战略当中，有哪些与直销行业的发展有着密切联系？直销企业在未来的发展过程当中，又该如何把握住这些利好的国家战略，寻求更好的发展呢？

"健康中国"战略

从 2013 年国务院颁发的《国务院关于促进健康服务业发展的若干意见》到李克强总理提及的"健康中国"战略，再到 2016 年，中共中央、国务院发布的《"健康中国 2030"规划纲要》，以及 2017 年 10 月 18 日，习近平总书记在十九大报告中指出，实施健康中国战略，完善国民健康政策，为人民群众提供全方位全周期健康服务。这些国家战略和一系列国家政策都在不断地告诉我们，在未来的五年、十年，甚至更长的时间里，"健康中国"的战略将成为我国关注民生、推动经济发展、复兴中国梦的过程中最为核心的国家战略之一。"健康中国"战略的全面实施，一定会使健康产业迎来发展的黄金时期，会进一步跨越式地推动基于健康产业发展的巨大市场。在健康医疗、健康养生、健康管理、健康咨询、健康保险、健康教育、健康养老等领域中来架构健康产业发展的版图。

众所周知，过去的健康医疗事业一直是整个健康产业板块的主力军。相对来讲，健康管理、健康养生、健康保险、健康教育的发展要相对薄弱一些，甚至还处于一个新生的、朝阳式的产业发展阶段。而在直销行业里绝大多数的直销企业，都在努力推动健康产业的发展，所以"健康中国"战略所带来的产业发展机遇和市场机遇，能够精准地推动直销行业的发展，可以说"健康中国"战略为直销行业发展开启了战略机遇发展期的序幕。

"一带一路"倡议

第二个与直销行业能够形成密切关联的就是"一带一路"倡议。"一带一路"分别指的是丝绸之路经济带和21世纪海上丝绸之路。"一带一路"作为我国一项重要发展倡议，对我国现代化建设和屹立于世界的领导地位具有深远的战略意义。"一带一路"倡议的提出，契合沿线国家的共同需求，为沿线国家优势互补、开放发展开启了新的机遇之窗，是国际合作的新平台。"一带一路"倡议体现了和平、交流、理解、包容、合作、共赢的精神。我们也可以明显地感受到，在中国实施"一带一路"倡议的推进过程中，有关经济、产业、资源以及市场的互动所产生的巨大能量。因此，直销行业和"一带一路"倡议可以精准地对接。

在"一带一路"与直销行业的对接中，许多直销企业都从中获得了益处。比如江苏的隆力奇公司就用实际行动响应着国家"一带一路"倡议号召，自身也收获斐然。也有一些直销企业选择把中国的中医养生和健康管理等东方智慧带给"一带一路"沿线国家的消费者，这些企业也因此在市场全球化方面收获得了宝贵的战略机遇。

"大众创业，万众创新"的号召

2015 年，李克强总理在政府工作报告中提出了"大众创业，万众创新"的号召。政府工作报告中是这样表述的：推动大众创业、万众创新，既可以扩大就业、增加居民收入，又有利于促进社会纵向流动和公平正义。李克强总理强调"让人们在创造财富的过程中，更好地实现精神追求和自身价值"。落实到直销行业的具体实践中，就是号召和鼓励我们每个人都拥有创业的理想和创新的思维，并使全社会形成一种创业浪潮，从而在实现中国梦的过程中实现个人价值。这一号召与直销文化中鼓励人们建功立业的理念是相通的，因此，直销行业更应该积极响应"大众创业，万众创新"的号召，并且运用这一战略所营造的社会反响来推进企业的进一步发展。

供给侧结构性改革

除上文中提到的三大国家战略之外，我们也应该积极响应国家供给侧结构性改革的需要。近两年，在中国经济发展转型的过程中，国家提出了"三去""一降""一补"的方略，即去产能、去库存、去杠杆、降成本、补短板五大任务，也提出了供给侧结构性改革的构想。这一构想实现了从供给层面通过创新和产品的升级来满足人们新的需求，这对于我国经济发展具有巨大而深远的指导意义。直销行业应当响应供给侧结构性改革的需要，推进企业创新和变革的顶层设计，打造全新的市场突破能力。

在党的十九大报告中，习近平总书记指出，中国社会主要矛盾已经转化为人民日益增长的美好生活需要和不平衡、不充分的发展之间的矛盾。这种发展的不平衡、不充分，除了地域的因素，也有经济形态运行方面的因素。按照习总书记的指示，我们的经济发展已经从单纯地追求速度转向了高品质发展的经济时代。在高品质发展的经济时代中，我们有必要研究供给侧结构性改革，依托改革的力量使得企业的经营模式得以创新升级，保持与时俱进。

直销企业应当如何做

"健康中国" "一带一路" "大众创业，万众创新" 供给侧结构性改革这四项国家发展战略，需要直销行业去积极地跟进，洞察国家战略背后直销行业的发展机遇，这对于企业乃至行业的健康长远发展具有深远的战略意义。除此之外，还有很多其他需要我们去关注和响应的国家战略，那么直销企业究竟应该如何关注和响应这些国家战略呢？这涉及到四个至关重要的步骤。

第一，要深入研究。深入领会这些国家战略所蕴含的丰富内涵和知识外延，从而积极地梳理并挖掘企业可以对接的战略机遇。

第二，要认真地学习和贯彻。直销企业应将这些国家战略反映出来的宝贵经验，巧妙地运用到实践当中，使企业得到有效地变革和转型，使企业的组织和人才培养得到保障。

第三，要积极参与。由于国家战略给所有行业和所有企业都提供了宝贵机遇，在这种激烈的竞争中，直销企业只有具备更加敏锐的眼光、更加快捷的行动，才能获得最有利的帮助。因此，直销企业要用实际行动和战略布局来积极响应国家战略。

第四，要全力以赴。不同的企业在响应国家战略的过程中，有着不同的切入点和呼应点，但无论企业的切入点与呼应点在何处，这些国家战略都在坚定不移地推动着中国经济向前发展，都在影响着社会经济的运行。所以我们每个直销企业都不能置身事外，而是要共同参与。直销企业只有真正地竭尽全力去做这件事，才有可能获得相应的回报。

综上所述，直销企业在关注和响应国家战略的过程中，应当明确企业自身如何参与，以及在哪些层面参与，同时应当制定明确的规划和目标，而不是盲目跟风。我也衷心希望我们直销行业中的所有直销企业能积极响应国家战略，从而实现跨越式的发展。

经销商篇

中国直销创新与繁荣的 22 把秘钥

The 22 keys of China direct selling innovation and prosperity

不应让业绩成为衡量直销人的唯一标准

在如今的直销行业中存在一种很普遍的现象——业绩成为直销从业者最重要的考核标准，甚至是唯一标准。不管是对于职业经理人、系统领导人还是普通经销商，业绩似乎都成为衡量个人能力优劣的决定性因素。我们不能否认业绩在考核标准上的可量化性和直观性，以及在以结果为导向的企业经营管理规则面前，业绩成为个人能力表现最直观的注释。

但这样一种"业绩至高论"的舆论环境也导致了直销从业者发展的不平衡、不全面。比如最近就有很多《远江一周谈》的观众留言，问到经销商的业绩走在能力之前的现象该如何改变。我认为提出这个问题的朋友应该是一个很优秀的营销领袖，能及时发现团队发展中存在的问题并积极寻求解决办法。

经销商业绩走在能力前的五大原因

从目前直销行业的发展情况来看，是否存在着经销商业绩走在能力之前的现象？我的回答是肯定的。在从事直销事业中，直销员正常的发展轨迹应该随着从业时间的增长、阅历和格局的提升、人脉的积累以及个人的成长而逐渐提高直销作业的能力，所创造的业绩也会随之升高，这是一种常规的业绩提升路径。但是，现在的中国直销行业中却存在一种新的现象，即部分直销企业的业绩增长很快，或者说来自某些直销员的业绩增长速度非常快，但是回过头来却发现直销员的能力素养和他的业绩不太匹配，那么究竟是什么原因造成的这种现象呢？

第一，企业发展潜力评估中有一项很重要的评估标准，就是公司在选材用人方面能力的高低。在过去，直销企业对于"贤才"的考核标准是非常多元化的，业绩的增长速度只是企业对个人能力考核的一个方面，同时还有很多其他的考核指标，能够非常全面地对考察对象进行能力评估。但是，今天很多直销企业在对直销员能力的考察标准中，业绩成为最核心的指标，甚至是唯一的指标。这也是导致经销商业绩与能力不相匹配的重要原因之一。比如有的直销从业人员从事直销工作的时间很短，甚至对整个直销的了解和运营还处于初期阶段，但是他运气很好，在推进业绩的过程中突然之间推动了大单的产生，这让他在业绩的评判标准下一下子跃升到了很高的层级。实际上这种跃升的层级高度和他的能力高度是不相匹配的，换句话说就是业绩高，能力低。

第二，很多直销企业的直销人员可能是以一种投资的行为进入直销企业的，那么他有可能一次性就进行了比较大额度的投资。在这种情况之下，他投入的业绩规模在唯业绩考核的标准下使他一下子跃升到所属直销平台中非常高的荣衔，甚至是最高层级。而这种情况下的晋升，直销从业者对直销又能有多少了解？对直销的业务运行又有多少经验？对直销的团队管理又明白多少？所以在这种情况之下，这种高荣衔所应具备的相应能力基本上是缺失的，这样的直销员能力实际上还处于初级阶段。

第三，很多直销企业在市场运营中运用了许多促销政策。在制度促销的政策中，如果直销员在一个区段进行了一个低级别的或者中等级别的投入、推广或销售，而如果这种增援形成了一定的营业额，那么直销员就可以跨越两到三个台阶，直接被评定为更高的荣衔。但是实际上，他的能力与他的职位和级别是不吻合的。

第四，一些企业制定的特殊政策导致经销商业绩高于能力。比如当直销企业在引进有潜力的市场资源，进行市场资源整合时给予了一些优惠性的政策。由于牵涉到资源的整体调度和移动，那么很多高级别的职位在整合时就会任用一些低级别的直销人员。在这种情况之下，直销员虽然获得了较高的荣衔和岗位，但是他的能力还没有达到这个岗位所必须具备的要求，就会出现高岗低配的情况。所以，总体来讲，目前在中国直销行业中确实存在经销商的业绩走在能力之前、能力与职位和层级不相匹配的现状。

第五，经销商能力与职位和层级不相匹配也与一些直销企业的文化建设有关系。特别是近五年以来，直销行业确实有着一种不宁静的氛围存在，很多直销企业在发展的道路上不够淡定、不够明智，总想着快速发展，成为行业中脱颖而出的"黑马"。这些企业利用各种提振业绩的杠杆力量，快速提升业绩增长的行为往往与直销行业的正常发展规律相悖而行，致使很多直销从业人员忽视了从事直销基本知识的学习和基本技能的培养。

这就导致虽然最后业绩达到了企业的预期目标，甚至超过了企业的预期，但实际上对于人才的培养程度远未达到与业绩规模相匹配的程度。换句话说，这种违背行业发展规律快速提升的业绩是有"泡沫"的，当这种杠杆力量或者促销政策过去以后，企业的业绩将很难保持持续的发展。当企业出现这种业绩猛增之后却又萎靡不振的现象时，原因就在于企业的人才成长度和业绩的阶段性提升规模不匹配，在于整个人才队伍、团队建设的平均水平远不足以创造这种业绩规模。

解决业绩走在能力前的三点举措

我们应该如何有针对性地改变这种状况呢？我认为有三个方面

的工作要做好。

第一，要在整个公司的人才打造与业绩规模之间建立一个合适的荣衔考核制度。首先，在考核机制中不再将直销员的业绩规模作为唯一的考核指标，除了考核规模之外还要考核效率，这样就构成了一个基础的板块。其次，在考核机制中公司还要对直销员加入企业或团队的时间进行考核。再次，在考核的标准中还应将直销员是否参加了公司组织的培训学习以及是否完成了各个阶段的培训学习作为考核指标。综上，我认为直销企业要把匹配荣衔的能力和技能考核建立在更加科学的考核机制之上，并在这样一种科学的考核机制中形成一种否定"业绩唯一论"的理念。只有通过多元化考核指标来构架的荣衔考核制度，才能够实事求是地反映业绩和能力之间的平衡。所以，建立多元化、多指标、多维度、累计时间段的一种考核机制是经销商保持业绩和能力平衡的重要保障，对于经销商事业的成长具有重要意义。

当然，对于短时间内快速提高业绩规模的经销商，我们也不能忽略他的成绩，企业可以将业绩的考核独立出来，对于业绩突出的经销商授予"月度销售冠军""月度销售亚军"等荣誉表彰。

第二，在公司整体教育中，需要建立严格的，用于提升经销商能力的阶梯式教育。比如可分为初级经销商教育、中级经销商教育、高级经销商教育、领导级别的经销商教育等阶段教育，分级别、分门类地设定严谨的培训体系，并对层级的晋升设立考核，只有考核合格的经销商才能接受更高一层级的培训学习。在阶梯式教育中，教育培训的内容和深度是要逐级提升的，并且在不同的教育阶段分别增设与该层级相匹配的内容。比如在初级阶段，要求经销商掌握基础直销从业知识和技能，而在高级别经销商教育的课程中或者领导级别的经销商教育培训中要加入经营能力和管理能力方面的学习，并让他们了解并掌握一定的领导素养和能力。

通过这种阶梯式教育体系，不同级别的经销商通过知识、技能、管理艺术、领导艺术甚至包括道德、文化方面的提升，来实现全面而完整的能力教育学习。在这种教育培训体系中，如果经销商想要获得晋升就必须严格完成本阶层的培训学习，没有"直升机"可坐。在这样的制度保证下，高层级的经销商一定是完整地通过了公司各级别的培训和学习。如此一来便保障了高级别经销商能够掌握从基础到高阶的直销知识和作业技能。

过去的教育培训中没有接受这样的严格要求，所以很多经销商会说："我短期创造的业绩已让我升到了高级领导人的级别，初级和中级的培训我就不用参加了。"这种状况的出现就会产生一种高层级的经销商在不具备基础知识、基础技能和基础能力下，一下子进入到了高阶的行列，就像是没有经过小学、初中和高中的基础学习直接上大学一样。在这种情况下，虽然进入了高等级别，但是由于缺少基础知识的积累，导致经销商能力达不到相应标准，创造业绩的模式也就无法复制，眼前的荣耀就像昙花盛开般瞬息而逝。

第三，直销企业应该在企业的文化导向上大力倡导一种尊重直销人才成长规律的文化，从而建设经销商群体良好的事业心态。在直销发展的道路上，我们不否认有些直销人有着非常高的天赋，在直销行业中能够快速地脱颖而出。但是这样的天才毕竟是少数，我们更要承认直销人才成长的周期性，尊重直销人才成长的规律。因为大多数的直销从业人员在技能的培养上、能力的提升上、阅历的增长上，都经过了由少到多，由小到大的累积过程。

在竞技体育运动中，每一个冠军的产生都需要经过无数次的训练、比赛，才能提高比赛技能，增长比赛经验。在直销行业中，一名高级直销人才的打造同样如此。如果没有在实际工作中反反复复地锤炼，又如何成长为一个高级领袖呢？中国直销企业一定要建立、传播、弘扬这样一种尊重直销人才发展规律的文化，倡导经销商树立良好的心态，祛除浮躁，踏踏实实从入门开始，虚心接受各层级的培训教育，一步一个脚印地开展自己的直销事业。当一家直销企业所营造的文化氛围是符合直销人才成长规律的，那么这家企业所打造出来的人才在业绩和能力上一定是相匹配的。纵观目前的中国直销行业，安利、完美、无限极等一些优秀的直销企业中90%以上的团队领导人的业绩规模与个人能力都是相匹配的。

经销商业绩和能力是否相匹配与企业的文化有关，与企业的人才成长氛围有关。所以，目前在直销行业，能力低于业绩的状况确实存在于不少的直销平台和直销组织当中。对于这样一种现状，以上三个方面的举措，虽然不能解决问题的全部，但是至少在一定程

度上，可以有效地推进这种状况的转变，更多的方法和路径还需要

直销行业、直销企业、直销系统一起探索和研讨，共同推进经销商

整体素养的提升。

直销初体验，要注意这些方面

可以说，每一个直销人都是怀着一份希望进入直销行业的，但真正走进这个行业，却发现与自己当初的预期有很大的距离。"从业能力无法提升，团队建立不起来。"这是困扰很多直销人的问题。他们希望快速融入直销行业，迅速建立自己的团队，并顺利开展自己的直销业务。但大多数情况是理想很丰满，现实很骨干。比如刚刚开始时，一些直销人怀着激情去推广直销事业，但他们可能首先会受到亲戚朋友和周围人的反对，或者是不认可，这样的境遇也让一部分直销人的热情瞬间从高热度降到冰点。

既然如此，应该如何找到正确的途径去解决这些问题，避免造成这种心理落差呢？

尊重成长的规律

任何事情要想获得成功，必须要付出一定的努力和汗水，同时要尊重成长的规律性。要想在直销行业取得成功，实现自己的人生梦想，也同样如此。对于直销从业人员来讲，首先要对直销有全面而且正确的认识；其次要明白任何事情的成功都不是一蹴而就的，必须要尊重事物本身的发展和成长规律，成长所需遵守的时间规律是无法逾越的。

一个直销人的成长，从初入者到稍具规模的团队组建者，再到一个大规模团队的管理者、推动者最后成为直销平台上屡受表彰、叱咤风云的领袖，需要一个长时间的发展过程。中国有句老话叫"心急吃不了热豆腐"，进入直销首先一定要清楚做直销也是需要这样一个过程的，没有时间的积累、营销阶段的经历、从小到大的发展历程，是无法一下子拥有足够的能力打造出让人震撼的营销团队。所以，要想成长为冠军，需要时间的积累和汗水的浇灌。

按规划开展业务

直销从业人员进入直销行业初期，一定要了解直销的基本运行规则。直销是什么？直销是一种营销方式，对于直销从业人员来讲，销售是第一要务，所以销售产品是直销从业人员的基本行为特征。

此外，从销售产品的角度来讲，直销与其他营销方式是没有区别的。但直销之所以能成为一种倍受现代人青睐的营销方式，主要因为它和传统销售行为在一些外在特征上和内在逻辑上存在一定差异。

那么直销的运行逻辑到底是什么呢？第一，营销的开始，从自用产品开始。直销从业人员首先要自己购买产品、消费产品、体验产品，然后通过这种消费，全面体验产品对自身健康状况的改变。

第二，自身体验产品之后，分享产品与服务体验。我们很多人都拥有分享的习惯，比如说分享好吃的食物、好看的电影、精彩的演唱会等等。好的东西要分享给自己的朋友、亲人和自身熟悉的人，这是一种人类的本能习惯。直销的销售就是在分享中完成的，所以在直销运作的过程中，第二步就是通过分享唤起人的消费欲望，达成产品的销售行为。但是如果想要分享让别人心动，就需要对产品进行亲身体验。只有分享的内容是真实的、不是道听途说的，分享的情感才会真挚。只有建立在亲身体验产品的基础之上，分享才会打动他人、感动他人，才能达成销售的最终目标。

第三，复制优秀的分享过程。在直销业务拓展中，好的分享做的越多，就会吸引越多的人因产品分享而进入直销行业。在进行分享的过程中，会发现有一些人在产品分享上，展示出了良好的人脉资源和优秀的个人品格影响力，甚至具备了分享和销售的基本才能。同时他们还拥有比较多的闲余时间，这样的人通常就是潜在的团队成员。在有了初级团队成员之后，再通过初级团队成员的逐渐发展，慢慢地就会形成一个颇具规模的团队。

所以初入直销行业的从业人员，要清晰地认识直销运作模式与其他销售模式的不同，了解直销营销方式的行为特征和商业逻辑。产品自用是前提，产品分享是关键，基于分享的过程形成的复制是核心，在复制之后逐渐地挖掘志同道合的人，建立起自己的团队。显然，在这个过程中，直销从业人员的能力也会得到有效的提升，这就是直

销运作的基本流程。所以刚进入直销行业的从业人员不能急于建立

大团队，一定要在深度了解了直销营销模式的特征和运行规划之后，

逐渐地建立团队体系。

阶段性提升自身能力

除了体验与分享，直销从业人员还要不断地提升自身能力。对

于刚刚进入直销行业的从业者来说，在能力提升上，也是分阶段来

进行的。第一个阶段，以产品零售为主的销售阶段。这个阶段的核

心是寻找能够消费产品的人，拓宽消费产品的人群，围绕产品的销

售做工作。第二阶段，在销售产品的基础上，建立产品的分享小组。

在小组内部进行充分探讨，建立起自己的分销模式，为小组成员提

供可复制的销售技术与模式。第三阶段，在随着团队成员不断壮大

的基础上，提升自己的管理技巧与能力，同时为团队成员导入一些

新的营销策略。只有经过这样循序渐进的过程，才能建立起自己的

团队，而且是稳定的团队。

这是提升自身能力的几个阶段，也是不可跨越的。正所谓"九层之台，起于垒土；千里之行，始于足下"，只有目标明确，想夺冠军，想做元帅，想做高级领导人，想做核心领袖，一切才都有可能实现。更重要的是，在锁定这个目标之后，不管是遇到困难、挫折还是各种障碍，都要坚持不懈地努力，才能收获成功。

做好与直销平台的互动

"他山之石可以攻玉。"在个人成长与团队成长的过程中，直销从业人员还要充分与直销平台以及自己的直销领路人做好互动。直销领路人，或者是平台上德才兼备的领袖，他们的经验都是宝贵的财富，通过复制他们成功的经验和步骤，可以帮助自己做好直销事业建设。此外，运营好直销平台所提供的各种协助，打造团队统一的工具，并且参与公司组织的各种活动，包括系统、团队组织的活动，也是十分必要的。

在这个过程里面，个人能力也会得到全面提升，团队也会逐渐

得到发展。所以，"万丈高楼平地起"，直销初期的能力没有提升，

团队没有打造，不能一味急躁，还要按照直销的运行规律，拥抱走

上成功的基本心态，才有可能获得理想成果，实现自己的人生目标。

直销团队与微商团队的优势互补

2014 年，微商开始广泛地发展起来，越来越多的人利用移动互联网和智能手机做起了"小生意"，这种情况在我们的微信朋友圈里就有着充分体现，各种产品跃然出现在了我们的手机屏幕上。随着这样一种业态的兴起，一些微商企业迅速发展壮大，如广东思埠就是一家典型的微商企业代表，利用社交软件交流的便捷性，快速发展团队成员，不断扩大企业规模。

不可否认，在这样一个以移动互联网为技术基础的新零售时代下，直销、微商以及电商之间的跨界借鉴与融合已成为趋势。很多直销企业已经有了微商力量的参与和融入，同时也有微商团队开始借助直销平台来推动他们事业的纵深发展，两者之间的相互融入与互补已成为直销与微商发展的一种趋势。那么在这样的背景下，直销团队与微商团队之间又该如何通过有效的借鉴，促进彼此事业的进一步发展呢？

直销团队与微商团队的区别

直销团队是依托直销模式，在直销企业的平台上，通过线下对直销产品与服务进行推广、分享以及团队组建来共同推进业务的营销队伍，我们统称为直销团队。而微商团队则是利用移动互联网与智能手机，在线上进行产品的推广、分享和成交，通过这种营销方式来进行产品销售的人群，我们称之为微商团队。从概念上来看，他们的主要区别在于微商团队是基于线上开展营销业务，而直销则是在线下开展营销业务。当然在如今多元化的营销方式之下，这种界限也有了一定程度上的打破。以及随着新技术的运用和新装备的使用，无论是直销团队还是微商团队在开展业务时，其在营销方式的选择上已不再像以往那样清晰，所以在两者的营销队伍上也有了相应的交叉，不再是非此即彼。

微商团队之优势

中国直销行业走过了 20 多年，我作为中国直销行业发展的全程经历者、参与者与见证者。通过观察微商这种较新的营销模式中营销团队与直销团队的差异，发现微商团队是近五年以来才通过微商的营销方式以及移动互联技术，并借助智能手机等新装备而推进的营销队伍，所以微商团队普遍较为年轻。假设以 20 岁为基础，微商团队的整体成员年龄平均在 25 岁左右，因此 20 岁—25 岁这样一个年龄区段的人居多。简单地讲，微商团队是一个以 80 后、90 后甚至 00 后为主体的营销群体，是一个是阳光的青年团队。

同时微商从业者多为 80、90 后，且基本上都是独生子女，这个时代出生的孩子普遍受到了良好的教育，所以他们的文化程度都相对较高。再者，由于微商团队基本上是由年轻人组建和支撑的，所以他们的活跃指数非常高。

此外，微商团队从诞生开始就与移动互联网技术和线上平台相伴而生，所以他们在开展营销作业的过程中更多的是依赖这种线上作业的系统，通过智能手机、微信，以及移动互联信息技术传输，进行学习、社交，接受教育，提升技能，甚至是与客户进行远程沟通，所以他们整个的作业成本相对比较低。再者，基于微商线上作业的营销方式，也使它的人员发展不受地域限制，发展速度很快。这些都是微商团队所具有的优势，也是直销需要取长补短的地方。

直销团队优势

直销实际上是将产品的部分利润从代理商、分销商、广告商处转移给直销员的一种经营形式。直销能有效地实现缩短通路、贴近顾客，将产品快速送到顾客手中，从而加快资本运作。同时直销也能更好地将顾客的意见、需求迅速反馈回企业，有助于企业战略的调整和战术的转换。

此外，由于直销发展较微商更为久远，相较于微商，直销团队人员的从业时间较早，以 90 年代加入直销行业的人来算，如果加入时 20 岁，那么现在这些人的年龄基本在四十几岁，如果以平均年龄来看，他们基本在 30-40 岁的年龄区间段，这个年龄段的人做事更加沉稳，社交经验更丰富，这也是微商团队所不具备的。

同时，相较微商而言，直销团队成员之间的交流、互动时间较长，且交流方式更加直接，也使团体成员之间的亲密度更高，而线上交流的方式使得彼此间信任度和情感的渗透度没有直销团队线下交流方式达到的效果好。

所以，直销团队成员间的关系更紧密，团队成员的归属感更强，团队的凝聚力更加强大，而微商的组织凝聚力，团队成员间的信任度以及彼此间黏性关系则会弱一些。而且，就现在企业与消费者之间的关系而言，这种线下营销方式对于贴近消费者，贴近家庭服务更有优势，而线上的服务对终端消费者的贴近感则会差些。

如何互相借鉴

在了解了直销团队与微商团队的差异之后，我们就可以根据两者的优势进行相互借鉴、融合。首先，对于直销团队来讲，应该借鉴微商团队的年轻化战略，通过设计、思考、规划来推动越来越多的 80、90 甚至 00 后参与到直销事业的创业与发展之中。其次，要学习和借鉴微商团队对新工具、新装备的全方位运用。最后，要着手布局导入线上作业的一些环节，比如说通过线上完成学习，通过线上完成人才的培养和打造，通过线上完成移动支付，从而减少线下经营成本。

那么对于微商团队而言，首先，微商团队应该借鉴直销团队在黏性关系、团队的凝聚力以及团队信任度打造方面的优势。同时，也应借鉴直销对终端消费者、社区、家庭的情感贴近，建立零距离的服务。当然还应借鉴直销团队的组织严谨性，以及团队文化的打造。此外微商团队由于崛起速度快，因此在团队的核心打造以及相关团队建设方面不如直销完整，所以在这些方面直销团队的优势值得微商团队学习借鉴。

总而言之，无论是直销团队还是微商团队都各有优势，分别又有着自己的一些劣势，二者可以在融合的基础上，共同延展自己的优势特色，并借鉴彼此的优势，来补充自己的短板，从而使自己的营销团队成为运营成本较低、成交效率高、发展速度快的销售团队，更好地满足新时代下的消费需求。

改变团队越大越累的六大方法

　　随着中国直销行业的迅猛发展，无论是外资还是内资直销企业的业绩基本上都呈现逐年攀升的趋势。与之同步的是，企业平台上的直销团队也经营得越来越大，团队成员数量也变得越来越多，其覆盖区域也变得越来越广。为了有效地帮助团队成员开展市场，给予他们充足的信心，一些市场领导人几乎常年都奔赴在市场一线，为成员助力。这种做法无疑是值得肯定，但由此带来的超负荷工作也经常使一些团队领导人感到疲惫不堪。因此，如何既能帮助解决市场一线问题，又不使自己变得那么劳累，成为许多团队领导人迫切需要解决的问题。本文我将就这个问题，为团队领导人提供六个完美的解决办法。

　　第一个办法，直销团队完全可以采用组织化运作的方式。当直销团队发展得越来越大的时候，内部就可以建立起一个有效的管理组织，然后按照企业的管理方式去运营。这样，教育培训、会议管理及工具制造等团队中比较分散的事务就可以被统筹到一个集中的管理体系。团队领导人不必参与到每一个环节，而只是进行整体方向的把控。至于其他一些琐碎的事务，可以交由某个系统成员去负责。通过这样系统的方法去运作、管理和培育直销团队的各个市场，就可以极大地减少团队需求对系统领导人精力与时间的无限损耗。同时，还会在一定程度上提升工作效率。

　　第二个办法，直销团队一定要建立起自己的团队文化。当团队成员发展得越来越多时，单纯的行政管理方式就有了局限性，此时就需要用到团队文化来引导和约束团队成员的行为方式。比如建立团队核心价值观、愿景、使命以及行为道德规范和统一的团队形象标识等，不断地将团队文化渗透到每一个团队成员的心里，最终转化为所有团队成员自动、自发的行为体系。当每一个人完全认同、接受了团队文化时，团队的管理就会变得更加有效率。

第三个办法，直销团队可以梳理出有效的管理方法和管理体系，并形成有效的团队作业工具流。一个相对成熟的直销团队领导人和核心骨干或多或少积累了一些行之有效的经验和方法。通过对这些有效的经验和方法的梳理，可以逐渐形成团队统一的作业流程，比如作业方法、作业原则、作业环节控制等。长久下来，团队就会形成属于自己的方法体系，每一位团队成员都可以按照这样的方法体系行事，不要一遇到问题就向领导人求助。

第四个办法，直销团队可以打造自己的教育培训体系。目前，中国直销行业中很多直销团队都把教育培训工作交给了其所在的公司平台。这样就会容易出现两个问题，第一个问题就是随着平台上直销团队数量的不断增加，团队所在公司平台的教育培训工作变得难以满足每一个直销团队的需求。第二个问题就是导致基础性培训的缺失。通常企业更加注重对团队高级领导人的打造，更多地在于为团队建立新的教育培训工具和通路。所以大量基础性技巧、技能的培训工作就需要直销团队去有效地进行复制和完善。因此，当直

销团队变得越来越大、团队成员变得越来越多时，就需要形成属于
自己团队的标准化教育课程及教育流程。也可以在团队内组建一支
真正熟悉公司、产品、运作方法的师资团队，然后合理地对其进行
分配。打造自己教育培训体系的好处是，既可以传承系统领导人的
观念和管理方法，又能有效地复制。同时，还能更快地打造出能够
在市场上独当一面的优秀人才。

　　第五个办法，直销团队要摒弃"保姆式"管理模式。目前，在
很多直销公司中，直销团队成员经常寻求上级领导人的帮助，比如
开拓市场、面见客户、组织团队、寻找潜在的消费者等。所有这些，
团队成员都希望团队领导人能够帮助他去做，这既加重了领导人的
工作负担，自己也不能得到充足的学习和成长空间，更不能独立开
展直销业务。同时，很多团队领导人恰好也迎合了这种思想，因为
怕团队成员能力不够丢掉客户，便马不停蹄地奔赴市场一线去帮助
自己的团队成员。但实际上，这种"保姆式"行为使团队成员缺乏
成长的过程，更不能打造出一支有较强战斗力的团队。因此，团队
领导人一定要放弃"保姆式"的管理模式，让每个团队成员从进入

团队的那一刻起，就树立起独立意识，提升自己各方面的能力。

第六个办法，直销团队可以建立不同层面的干部队伍。团队领导人需要随着团队的增长随时随地地发现、培养、打造团队里面的骨干以及不同层级的团队干部，当团队的干部体系形成以后，系统领导人就可以将整个团队的常规性工作交给不同层级的干部，从而腾出更多的时间在团队规划及团队发展上。现在有些成熟的团队就已经在团队里面成立了策略委、战略委、执行委等部门，不仅有效提升了团队运作效率，也给予了团队成员充足的提升空间。

以上就是将团队领导人从团队管理繁琐细碎的常规性事务中解放出来的六种办法。因此，如果直销团队发展得越来越大，团队领导人感到越来越累，那么团队领导人就可以按照这六个方面的思路去完善自己的团队管理及运作方式，把自己的团队打造成能够系统运作的成熟团队。

新经济时代
直销商事业发展的五大锦囊

《2001 美国总统经济报告》中讲道："新经济是指由技术、商业实践和经济政策的相互良性互动，从而产生巨大的经济绩效。其具体表现为快速的经济增长和收入提高、低失业率和适度通货膨胀。"专家也对此撰文道："新经济时代是以知识经济、虚拟经济和网络经济为标志。"但我们发现，新经济绝不仅仅包括知识经济、虚拟经济和网络经济，真正的新经济时代应是传统产业与知识经济、虚拟经济和网络经济的全面结合。归根结底，新经济是一种历史的进步。

而且，新经济时代的到来，已经使整个人类社会环境发生了极为深刻的变化，一个全新的经济时代正展现在我国人民面前。更重要的是，新经济时代的到来，给我国经济发展带来了新的机遇，也给我国人民的生活方式带来了深远的影响，同时也为中国直销行业的发展带来了全新的理念。

在这种情况下，中国直销行业的经销商们又该如何积极顺应潮流，真正做到与时俱进，使自己的直销事业蓬勃发展呢？本文为直销商们准备了五大锦囊。

第一大锦囊，直销商要有互联网思维。互联网思维就是在（移动）互联网＋、大数据、云计算等科技不断发展的背景下，对市场、用户、产品、企业价值链乃至对整个商业生态进行重新审视的思考方式。如今互联网及移动互联网已经完全渗透到我国人民日常的生活、工作当中，很多年轻人都在用手机随时随地地浏览信息、学习、社交、远程购物等，而且很多人遇到问题后，也都习惯上网查找解决问题的办法。此时，就要求我们的直销商要具备互联网思维，及时掌握并运用互联网工具，并通过互联网技术接受远程教育，借此来提升自己各方面的能力和素养；可以进行网上交友，进而提升社交能力并拓展人脉；同时通过网络与公司网上平台进行有效互动，进行线上、线下平台的有效融合，高效地经营自身的直销业务。而且，直销商在直销业务的拓展过程中如果遇到问题，也可以借助互联网的力量去解决。

所以，互联网时代，直销商一定要认真学习互联网的知识和技能，从而通过熟练掌握互联网技术有效地开展和经营直销业务。

第二大锦囊，直销商要具备体验素养。过去，人们大多通过传统媒体获取产品信息，如今随着网络技术的普及，除了电视、广播、报纸、杂志等传统媒体外，很多人开始从微博、博客、微信公众号等多种新媒体宣传渠道获取产品信息。由于传播渠道的多样化及产品信息的"鱼龙混杂"，导致媒体的公信力下降，从而致使产品信息，尤其是产品宣传广告的传播效果打了折扣。在这种情况下，体验消费成为新的时尚，人们更加倾向于通过亲身体验来判断产品的优劣以及决定是否购买。因此，体验经济已经发展成为当下较为流行的一种营销模式。

在这种情况下，直销商就需要在"体验"二字上做文章，比如如何搭建体验平台、如何营造体验场所、如何运用体验手段、如何互通体验结果等都是需要直销商全面思考的问题。

此外，除了产品体验、平台体验之外，还有一种很重要的体验就是情感体验，比如我们直销企业经常讲的健康、孝道、爱心等情感，都很容易使消费者产生情感的共鸣，进而激发消费者的消费欲望，产生消费行为。

第三大锦囊，直销商要有更强的团队合作精神。团队合作是一群有能力、有信念的人为了一个共同的目标相互支持、合作奋斗的过程，而有效的合作更可以调动团队成员所有的资源和才智。团队精神强调的是团队成员的紧密合作。要培育这种精神，团队领导人首先要以身作则，做一个团队精神极强的楷模；其次，在团队培训中加强团队精神的理念教育，将这种理念落实到团队工作的实践中去。同时直销团队的领导人要有明确的责任意识去帮助下属完成起步后各阶段的成长，帮助他们了解公司的产品、提升销售能力、完善营销方案，并为他们制定成长目标，创造成长环境，使整个直销团队在团结奋进的气氛中健康发展。

其实，直销行业最本质的优势就是讲究团队合作。在直销团队中，仅仅依靠个人的力量很难取得巨大成就，如果团队想要做大做强，就必须打造团队的向心力，正如歌词中唱的那样："团结就是力量"。因此，直销商只有拥有了一支具有很强向心力、凝聚力、战斗力的直销团队，才能携手推进市场和维护客户，从而收获丰硕的成果。

第四大锦囊，直销商要有完备的大健康知识。随着我国人民生活水平的提升，我国健康产业迅速发展。习近平总书记强调，没有全民健康就没有全面小康，李克强总理也在政府工作报告中提出要把健康产业视为国家优先发展的产业，国家卫计委也有关于健康产业发展的重要文件，国务院也发布了《"健康中国2030"规划纲要》……这些都预示着大健康产业的快速崛起时代即将到来。

为人们提供健康生活解决方案是大健康产业最大的商机，直销行业作为大健康产业重要的组成部分，因此，直销从业者销售产品的过程也是传播大健康理念的过程。这就需要直销从业者对健康知识、健康产品以及中医养生的文化和健康管理的观念、方法等都有更高层次的了解和掌握。同时，直销从业者要更加全面、快捷地提升自己的健康素养，并积极倡导一种健康的生活方式，引导消费者不仅要"治病"，更要"治未病"，以帮助人们做好健康保障、健康管理、健康维护，使民众从透支健康、对抗疾病的方式转向呵护健康、预防疾病的新健康模式。

第五大锦囊，直销商要有全球化思维。近年来，中国坚持改革开放政策，积极扩大进出口贸易，全面支持经济全球化趋势，积极参与国际经济结构改革，在全球经济治理中贡献中国力量。其中，"一带一路"倡议与亚投行建设更是凸显了中国支持经济全球化的决心，使我国很多企业走出国门，迈向世界的大舞台。这其中也有很多直销企业，他们怀揣着全球化的梦想也开始走出国门，在国家战略的引导下大步迈向世界。

当前，越来越多的直销企业开始了全球化、国际化进程。此时，直销商就需要跟上直销企业的步伐，使自身具备开阔的国际化视野，并逐渐拥有走出国门开拓事业的素养和能力，让自己在拥有国际化思维的基础上，进而开拓出属于自己的海外市场，打造出自己国际化的客户体系。

总而言之，新经济时代有很多重要的新特征，直销商需要与时俱进，不断地提升自己的能力和素养。只有这样，才能适应时代的发展，才能与时代的发展形成良好的互动，才能在新时代的浪潮中立于不败之地。